中等职业教育汽车类专业教材

QICHE WEIXIU JICHU

汽车维修基础

（第2版）

全国交通运输职业教育教学指导委员会
中国汽车维修行业协会　组织编写

郑金顺　主　编
潘　文　副主编

人民交通出版社
北京

内 容 提 要

本书为中等职业教育汽车类专业教材。其主要内容包括:汽车概论、机械识图、钳工基础、汽车常用材料、汽车维修工具与量具、汽车检测与维修设备和汽车维修概论。

本书可作为职业院校汽车运用与维修等专业的教材,也可供汽车维修从业人员及相关技术人员参考阅读。

本书配套数字资源,读者可免费扫码观看和在线学习;同时配有教学课件,教师可通过加入汽车中职教学研讨群(**QQ:111799784**)获取。

图书在版编目(CIP)数据

汽车维修基础/郑金顺主编. —2 版. —北京:
人民交通出版社股份有限公司,2024.10. —ISBN 978
-7-114-19616-4

Ⅰ. U472.4

中国国家版本馆 CIP 数据核字第 202434J1G5 号

书　　名:汽车维修基础(第 2 版)
著 作 者:郑金顺
责任编辑:李佳蔚
责任校对:赵媛媛
责任印制:刘高彤
出版发行:人民交通出版社
地　　址:(100011)北京市朝阳区安定门外外馆斜街 3 号
网　　址:http://www.ccpcl.com.cn
销售电话:(010)85285911
总 经 销:人民交通出版社发行部
经　　销:各地新华书店
印　　刷:北京市密东印刷有限公司
开　　本:787×1092　1/16
印　　张:14
字　　数:240 千
版　　次:2017 年 3 月　第 1 版
　　　　　2024 年 10 月　第 2 版
印　　次:2024 年 10 月　第 2 版　第 1 次印刷　总第 5 次印刷
书　　号:ISBN 978-7-114-19616-4
定　　价:42.00 元

(有印刷、装订质量问题的图书,由本社负责调换)

编审委员会

主　　任：王怡民(浙江交通职业技术学院)

副 主 任：刘建平(广州市交通运输职业学校)　　杨经元(云南交通技师学院)

　　　　　赵　琳(北京交通运输职业学院)　　　张京伟(中国汽车维修行业协会)

　　　　　陈文华(浙江交通职业技术学院)　　　王凯明(中国汽车维修行业协会)

特邀专家：朱　军(中国汽车维修行业协会)　　　魏俊强(北京祥龙博瑞汽车服务有限公司)

　　　　　张小鹏(庞贝捷漆油(上海)有限公司)　刘　亮(麦特汽车服务股份有限公司)

委　　员：(按姓氏笔画排序)

　　　　　毛叔平(上海市南湖职业学校)　　　　王　健(贵阳市交通技工学校)

　　　　　王彦峰(北京交通运输职业学院)　　　王　强(贵州交通职业技术学院)

　　　　　占百春(苏州建设交通高等职业技术学校)　刘新江(四川交通运输职业学校)

　　　　　刘宣传(广州市公用事业技师学院)　　齐忠志(广州市交通运输职业学校)

　　　　　吕　琪(成都工业职业技术学院)　　　李　青(四川交通运输职业学校)

　　　　　李雪婷(成都汽车职业技术学校)　　　李春生(广西交通技师学院)

　　　　　李文慧(新疆交通职业技术学院)　　　李　晶(武汉市东西湖职业技术学校)

　　　　　陈　虹(浙江交通技师学院)　　　　　陈文均(贵州省交通运输学校)

　　　　　陈社会(无锡汽车工程高等职业技术学校)　张　炜(青岛交通职业学校)

　　　　　杨永先(广东省交通运输高级技工学校)　杨承明(杭州技师学院)

　　　　　杨建良(苏州建设交通高等职业技术学校)　杨二杰(四川交通运输职业学校)

　　　　　陆松波(慈溪市锦堂高级职业中学)　　何向东(广东省清远市职业技术学校)

　　　　　邵伟军(杭州技师学院)　　　　　　　周志伟(深圳市宝安职业技术学校)

　　　　　林育彬(宁波市鄞州职业高级中学)　　易建红(武汉市交通学校)

　　　　　林治平(厦门工商旅游学校)　　　　　胡建富(浙江交通技师学院)

　　　　　赵俊山(济南理工学校)　　　　　　　荆叶平(上海市交通学校)

　　　　　郭碧宝(广州市交通技师学院)　　　　姚秀驰(贵阳市交通技工学校)

　　　　　崔　丽(北京市丰台区职业教育中心学校)　曾　丹(佛山市顺德区中等专业学校)

　　　　　蒋红梅(重庆市立信职业教育中心)　　喻　媛(柳州市交通学校)

Preface 第2版前言

本套由全国交通运输职业教育教学指导委员会、中国汽车维修行业协会组织编写的教材，自2017年3月出版以来，多次重印，被全国多所中等职业学校选为教学用书，受到了广大师生的好评。

为了体现职业教育新理念，贴近汽车运用与维修专业实际教学目标，促进"教、学、做"更好地结合，突出对学生实践能力的培养，使之成为技能型人才，2020年11月，人民交通出版社股份有限公司吸取教材使用学校的意见和建议，组织相关老师经过认真研究和充分讨论，确定了修订方案，对本套教材进行了修订。通过教材修订，使教材在结构和内容上与教学内容更加吻合。

《汽车维修基础(第2版)》是其中的一本，此次修订内容如下：

1. 单元一增加了新能源汽车构造及组成相关知识，单元四增加了汽车零件选材相关知识，单元五增加了新能源汽车维修安全防护工具和维修工具相关知识，单元六增加了新能源汽车动力蓄电池检测维修设备相关知识，单元七增加了新能源汽车维修相关知识；
2. 对书中标准、规范进行了更新；
3. 修订了书中错误，更新了部分文字内容和图片；
4. 更新了每个单元后的"思考与练习"；
5. 配套的电子课件也进行了修订。

全书由杭州技师学院的郑金顺担任主编，浙江经济职业技术学院的潘文担任副主编。具体编写分工为：杭州技师学院的章华峰编写了单元一和单元四的课题三；杭州技师学院的刘根平、孟豪编写了单元二、单元三及单元四的课题一、课题二；郑金顺编写了单元五和单元六；杭州技师学院的吕彬编写了单元七和单元四的课题四。

限于编者水平，书中难免有不当之处，敬请广大院校师生提出宝贵意见和建议，以便再版时完善。

作　者
2024年5月

Contents 目录

单元一　汽车概论 ·· 001
  课题一　汽车及汽车工业的发展 ·· 001
  课题二　汽车分类及车辆识别代号 ·· 011
  课题三　汽车的总体构造 ·· 016
  课题四　汽车主要技术参数 ·· 024
  课题五　汽车行驶基本原理 ·· 027
  单元小结 ··· 028
  技能训练 ··· 029
  思考与练习 ·· 029

单元二　机械识图 ·· 031
  课题一　机械识图基本知识 ·· 031
  课题二　零件图 ·· 050
  课题三　装配图 ·· 058
  单元小结 ··· 061
  技能训练 ··· 062
  思考与练习 ·· 062

单元三　钳工基础 ·· 066
  课题一　认识钳工 ··· 066
  课题二　钳工常用设备 ··· 068
  课题三　钳工基本操作 ··· 073
  单元小结 ··· 097
  技能训练 ··· 097
  思考与练习 ·· 098

单元四　汽车常用材料 ·· 101
  课题一　金属材料 ··· 101

  课题二 非金属材料 …………………………………………………… 114
  课题三 汽车运行材料 …………………………………………………… 118
  课题四 汽车零件选材 …………………………………………………… 141
  单元小结 ……………………………………………………………………… 147
  技能训练 ……………………………………………………………………… 149
  思考与练习 …………………………………………………………………… 149

单元五 汽车维修工具与量具 ……………………………………………… 151
  课题一 工具 ……………………………………………………………… 151
  课题二 量具 ……………………………………………………………… 166
  单元小结 ……………………………………………………………………… 173
  技能训练 ……………………………………………………………………… 174
  思考与练习 …………………………………………………………………… 174

单元六 汽车检测与维修设备 ………………………………………………… 177
  课题一 检测设备 …………………………………………………………… 177
  课题二 维修设备 …………………………………………………………… 189
  单元小结 ……………………………………………………………………… 194
  技能训练 ……………………………………………………………………… 194
  思考与练习 …………………………………………………………………… 195

单元七 汽车维修概论 …………………………………………………………… 197
  课题一 汽车维修行业概述 ………………………………………………… 197
  课题二 汽车维修制度 ……………………………………………………… 200
  课题三 汽车零件的修复方法 ……………………………………………… 202
  课题四 汽车维修安全知识 ………………………………………………… 205
  单元小结 ……………………………………………………………………… 213
  技能训练 ……………………………………………………………………… 214
  思考与练习 …………………………………………………………………… 214

参考文献 ……………………………………………………………………………… 216

单元一 汽车概论

学习目标

知识目标

1. 了解汽车工业的发展概况；
2. 掌握新能源汽车的概念；
3. 了解我国新能源汽车的发展成就；
4. 掌握车辆识别代号在车辆上的位置及含义；
5. 了解汽车的主要技术参数。

素养目标

1. 培养集体意识，增强民族自豪感；
2. 培养"求实创新，争创一流，比学赶超，奋勇争先"的意识。

建议完成本单元的课时为 8 课时。

课题一　汽车及汽车工业的发展

汽车是由自身的动力装置驱动，具有 4 个或 4 个以上车轮的非轨道承载车辆，主要用于载运人员、货物及作某些特殊用途。

汽车具有高速、机动、舒适、使用方便等优点，是最重要的现代化交通工具之一。汽车是集光、机、电、热于一身的高科技产品，也是世界上唯一一种零件以万件计、产量以千万辆计、保有量以亿辆计、售价以万元计的商品。可见，汽车工业的发展能有力地拉动一个国家国民经济的综合发展。因此，世界各发达国家均把汽车工业作为国民经济的支柱产业。

一 汽车的诞生

1885年,德国工程师卡尔·本茨在曼海姆制成一辆装有0.85PS(米制马力,1PS≈735W)汽油发动机的三轮汽车(图1-1),该车最高车速为15km/h。这就是世界上公认的第一辆汽车。1886年1月29日,本茨在德国取得了汽车专利证。同一年,德国另一位工程师戈特利布·戴姆勒也造出了一辆用1.1PS汽油发动机作动力的四轮汽车(图1-2)。

图1-1 卡尔·本茨以及他发明的三轮汽车

图1-2 戈特利布·戴姆勒以及他发明的四轮汽车

因此,人们一般都把1886年作为汽车元年,1886年1月29日也被公认为是汽车的诞生日。本茨和戴姆勒则被世人公认为以内燃机为动力的现代汽车的发明者,并被尊称为汽车工业的鼻祖和世界"汽车之父"。

二 世界汽车工业的发展

汽车起源于欧洲,欧洲是汽车工业的摇篮。130多年以来,世界汽车工业的发展经历了从欧洲到美国、从美国到欧洲、从欧洲到日本、从发达国家到发展中国家的四次大转移。现在,汽车工业已遍布全球各大洲,并成为世界首屈一指的产业。世界主要汽车公司及其创建时间见表1-1。

世界主要汽车公司及其创建时间　　　　表1-1

国家	公司	创建时间(年)
德国	奔驰	1887
	戴姆勒	1890
	奥迪	1899
	宝马	1916
	戴姆勒—奔驰	1926
	保时捷	1931
	大众	1937
法国	标致	1889
	雷诺	1898
	雪铁龙	1919
意大利	菲亚特	1899
	法拉利	1929
英国	劳斯莱斯	1904
瑞典	沃尔沃	1927
美国	福特	1903
	通用	1908
	克莱斯勒	1925
日本	马自达	1920
	日产	1933
	丰田	1937
	本田	1946
韩国	起亚	1944
	现代	1967
	大宇	1972
中国	一汽	1953
	二汽	1969

(1) 汽车工业的形成。进入20世纪以后,汽车制造技术不再仅掌控于欧洲人的手中,特别是亨利·福特在1908年10月开始出售著名的T型车后,该车产量增长惊人,短短19年就生产了1500多万辆。此间的1913年,福特汽车公司还首次推出了流水组装线的生产方式,使汽车成本大降,汽车不再仅仅是贵族和有钱人的奢侈品了,它逐渐成为大众化的商品。从此时开始,美国汽车便成为世界的宠儿,福特公司也因此成为名副其实的"汽车王国"。所以人们说,汽车发明于欧洲,但却是在20世纪30年代的美国获得飞速发展。

(2) 以欧洲为重心的汽车工业发展时期。第二次世界大战期间,各国汽车工业均为军事目的服务,这大大缓解了美国与其他国家(主要以欧洲国家为主)之间的汽车工业竞争。随着战后经济的复苏和政府支持的加强,欧洲汽车工业开始飞快发展。以当时的联邦德国为例,仅5年时间,汽车生产量就超过英国成为世界第二大生产国,达到每年205.5万辆。1970年,欧洲共同体的汽车产量首次超过美国。随后,西欧各国还纷纷到美国投资建厂,改变了汽车工业发展的格局。欧洲汽车工业的大发展使世界汽车工业的重心逐步由美国移向欧洲。

(3) 以日本为重心的汽车工业发展。当1973年首次石油危机时,美国和欧洲等国家的汽车工业受到很大冲击,而日本似乎对此早有察觉,他们大量研制生产了小型节油型汽车,终于在1980年把美国赶下了"汽车王国"的宝座。

(4) 以韩国为代表的发展中国家汽车工业异军突起。20世纪70年代,较好的经济基础为韩国汽车工业提供了良好的发展环境。1973年,在韩国政府实行"汽车国产化"政策的支持下,韩国汽车产业迅猛发展。进入20世纪90年代后期,韩国汽车工业在西欧、美洲、东欧、亚洲和大洋洲建立了生产基地,实现了国内生产本地化、海外生产体系化和全球营销网络,成为世界汽车生产大国。

2023年,世界汽车年产量达9276万辆,产量前8名的国家见表1-2。

2023年世界汽车年产量前8名的国家　　　　表1-2

名次	国家	年产量(万辆)	名次	国家	年产量(万辆)
1	中国	2700	5(并列)	德国	360
2	美国	1006	5(并列)	韩国	360
3	日本	784	5(并列)	墨西哥	360
4	印度	546	8	巴西	305

2023年世界汽车制造商年产量前8名的排名见表1-3。

单元一 ⊙ 汽车概论

2023 年世界汽车制造商年产量前 8 名的排名　　表 1-3

名次	汽车制造商	年产量(万辆)	名次	汽车制造商	年产量(万辆)
1	丰田	1123	5	通用	618
2	大众	923	6	福特	441
3	现代起亚	730	7	本田	398
4	斯特兰蒂斯	639	8	日产	337

三　我国汽车工业的发展

自中华人民共和国成立后，我国的汽车工业迅速建立并发展。经过长期努力，我国汽车工业从无到有，形成了一个产品种类齐全的产业体系。

我国汽车工业的发展历程大致划分为以下 4 个阶段。

(1) 初创成长阶段(1953—1981 年)。

我国汽车工业的起步是通过国家集中投资和全方位技术引进的方式实现的，其标志是第一汽车制造厂(以下简称"一汽")的建设和投产。中华人民共和国成立后，由于国内汽车专门人才缺乏，重工业部于 1950 年 8 月决定聘请苏联专家承担汽车制造厂的整体设计工作。1953 年，一汽破土动工。经过短短的 3 年时间便建成投产，成为中国第一个汽车生产基地。

1958 年以后，企业下放，各省、市纷纷利用汽车配件厂和修理厂仿制和拼装汽车，形成了中国汽车工业发展史上第一次"热潮"。到 20 世纪 50 年代末，我国的汽车制造厂迅速增长到 16 家，汽车改装厂增加到 28 家，特别是载货汽车产量迅速稳步增长，达到 2 万多辆。

1960—1980 年，我国汽车业以第二汽车制造厂(以下简称"二汽")、四川汽车制造厂和陕西汽车制造厂的建设为主线。二汽是完全依靠我国自己的力量建成的，开创了我国汽车工业以自己的力量设计产品、确定工艺、制造设备、兴建工厂的纪录，标志着我国汽车工业上了一个新台阶。

(2) 改革开放阶段(1982—1993 年)。

进入 20 世纪 80 年代以后，中国汽车工业进入调整、提高和快速发展阶段。20 世纪 80 年代初期，针对"缺重少轻，轿车几乎空白"的不利局面，先后建立了 1 个微型车生产基地(天津汽车厂)，2 个装配点(柳州拖拉机厂和国营伟建机械厂)和 4 个轻型车生产基地(东北、北京、南京和西南)。同时，在改革开放的形势下，我国汽车工业第一个合资企业——北京吉普汽车有限公司于 1984 年成立

(与美国克莱斯勒公司合资)。其后,长安机器厂与日本铃木、南京汽车公司与依维柯、上海汽车集团与德国大众汽车公司、广州汽车厂与标致、天津汽车公司与日本大发、一汽与大众、二汽与雪铁龙等纷纷进行合作和合资,先后引进先进技术100多项,其中整车项目10多项,取得了显著成效。

(3)快速发展阶段(1993—2020年)。

1994年2月,国家计委颁布了《汽车工业产业政策》,作为指导我国汽车工业发展的纲领,当时我国汽车工业的目标是到2010年汽车产量达600万辆,成为国民经济的支柱产业。这个阶段,我国主要汽车集团公司纷纷与国外汽车公司进行合资,见表1-4。2001年,我国加入世贸组织,吉利、长安、长城、比亚迪等自主厂商得到发展。同时,国家和各企业投入大量研发经费,确立纯电动、油电混动、燃料电池三条技术路线,以及动力蓄电池、驱动电机、动力总成三种横向共性技术,确立新能源汽车产业"三横三纵"的产业格局。2014年,中国的比亚迪、宁德时代等掌握了动力蓄电池、驱动电机、电控等核心技术。

国内主要汽车合资企业 表1-4

企业	合资方	合资时间	合资项目(车型)
一汽大众汽车有限公司	一汽、德国大众	1991年2月	一汽大众捷达、宝来、高尔夫、速腾、迈腾、GTI、CC;一汽奥迪A1、A3、A4L、A5、A6L、A7、A8L、Q3、Q5、Q7、TT、R8
天津一汽丰田汽车有限公司	一汽、天汽、日本丰田	2003年9月	威驰、花冠、皇冠、锐志、卡罗拉、RAV4
神龙汽车有限公司	东风、法国标致—雪铁龙	1992年5月	东风雪铁龙C4L、C5、世嘉、C2、新爱丽舍;东风标致508、408、3008、308、307、207
风神汽车有限公司	东风、中国台湾裕隆集团	2000年3月	阳光、天籁、新蓝鸟
东风悦达起亚汽车有限公司	东风、悦达、韩国起亚	2001年11月	千里马、K5、福瑞迪、智跑、赛拉图、SOUL秀尔、RIO锐欧、K2
东风本田汽车有限公司	东风、日本本田	2003年7月	CR-V、思域、思铂睿、艾力绅

续上表

企业	合资方	合资时间	合资项目(车型)
上海大众汽车有限公司	上汽、德国大众	1985年3月	桑塔纳、帕萨特、朗逸、朗行、朗境、途安、途观和明锐、晶锐、昊锐、野帝
上海通用汽车有限公司	上汽、美国通用	1997年6月	别克君越、君威、凯越、林荫大道、GL8、昂科雷、昂科拉、英朗；雪佛兰景程、迈锐宝、科帕奇、赛欧；凯迪拉克Escalade、SRX、XTS、CTS
上海通用五菱汽车股份有限公司	上汽、美国通用、柳州五菱	2002年11月	五菱宏光、五菱荣光、五菱之光、宝骏
广州本田汽车有限公司	广汽、日本本田	1998年7月	歌诗图、雅阁、奥德赛、缤智、凌派、锋范、理念S1
广州丰田汽车有限公司	广汽、日本丰田	2004年9月	凯美瑞、汉兰达、雅力士、雷凌、致炫、逸致、威飒
北京吉普汽车有限公司	北汽、美国克莱斯勒	1984年11月	切诺基、帕杰罗、欧蓝德吉普之星、顺途、新城市猎人、挑战者、狂潮
北京现代汽车有限公司	北汽、韩国现代	2002年10月	索纳塔、伊兰特、ix35、胜达、悦动
长安铃木汽车有限公司	长安、日本铃木	1993年5月	奥拓、羚羊、天语、雨燕
长安福特汽车有限公司	长安、美国福特	2001年4月	嘉年华、蒙迪欧、翼虎、翼博
东南(福建)汽车工业有限公司	东南(福建)汽车工业有限公司、中国台湾裕隆集团	1995年11月	得利卡、三菱蓝瑟、三菱戈蓝、V3菱悦、V5菱致、三菱君阁、三菱翼神
南京依维柯汽车有限公司	南汽、意大利菲亚特	1996年3月	依维柯、都灵

续上表

企业	合资方	合资时间	合资项目(车型)
江铃汽车股份有限公司	江铃、美国福特	1995年	全顺、凯运、宝典、宝威、凯威、驭胜
华晨宝马汽车有限公司	华晨、德国宝马	2001年10月	3系、5系轿车和X1、X3

(4)新能源汽车崛起阶段(2020年至今)。

2022年3月,比亚迪宣布停产燃油车,同年,比亚迪以181万辆的销量,超过特斯拉,成为全球新能源汽车销量冠军。截至2023年6月,我国新能源汽车零售渗透率达到35.1%,销量占全球60%以上,其中自主品牌占80%以上。

四 新能源汽车的发展

1 什么是新能源

新能源又称非常规能源,是指传统能源外的各种能源形式,包括刚开发利用或正在积极研究、有待推广的能源,如太阳能、地热能、风能、海洋能、生物质能和核聚变能等。新能源越来越多地被用到风电产业、地热利用产业、沼气发电产业、生物质产业、太阳能光伏产业、新能源汽车产业,如图1-3所示。

图1-3 能源种类

2 什么是新能源汽车

新能源汽车包括两层含义,即新能源和汽车。

传统的汽车通常为内燃机驱动,根据加注的燃料不同,可分为汽油汽车、柴油汽车等。而新能源汽车是集合上面所述的汽车与利用新能源的双重含义。我们一般把利用内燃机驱动的汽车称为传统汽车,新能源汽车根据利用能源方式的不同,有油电混合类新能源汽车、非常规替代燃料类新能源汽车及其他形式的新能源汽车。

根据2017年7月1日正式实施的《新能源汽车生产企业及产品准入管理规定》(2017年1月6日,工业和信息化部令第39号公布,根据2020年7月24日工业和信息化部令第54号公布的《工业和信息化部关于修改〈新能源汽车生产企业及产品准入管理规定〉的决定》修订。),新能源汽车是指采用新型动力系统,完全或者主要依靠新型能源驱动的汽车,包括插电式混合动力(含增程式)汽车、纯电动汽车和燃料电池汽车等。

增程式电动汽车(Extended-Range Electric Vehicles,EREV)与纯电动汽车的区别是车辆安装有一台燃油发动机,在动力蓄电池电量不足时可为动力蓄电池充电。

非常规的车用燃料指除汽油、柴油、天然气(NG)、液化石油气(LPG)、乙醇汽油(EG)、甲醇、二甲醚外的燃料。

根据《节能与新能源汽车产业发展规划(2012—2020年)》,新能源汽车包括纯电动汽车、插电式混合动力汽车和燃料电池汽车,其主要特征是采用新型动力系统、完全或主要依靠新型能源驱动的汽车。

新能源汽车特点如图1-4所示。

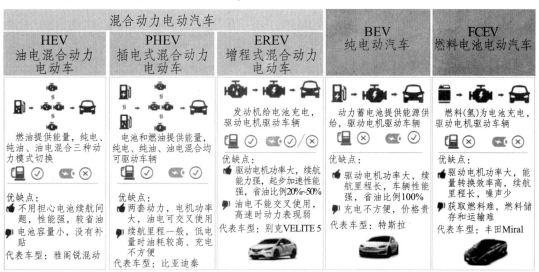

图1-4 新能源汽车特点

3 发展新能源汽车的意义

新能源汽车所带来的环境效益和经济效益表现如下。

(1) 降低环境污染。新能源汽车,特别是纯电动汽车和燃料电池电动汽车在本质上是一种零排放汽车,无直接排放污染物,间接污染物主要产生于非可再生能源的发电与氢气制取过程,其污染物可以采取集中治理的方法来控制。混合动力电动汽车在纯电动行驶模式下同样具有零排放的效果,同时由于减少了燃油消耗,二氧化碳排放可降低30%以上。另外,新能源汽车比同类燃油车辆噪声低5dB以上,大规模推广电动汽车将大幅降低城市噪声。

(2) 节约能源。据测算,传统燃油从开采到汽车利用的平均能量利用率为14%左右,采用混合动力技术后,能量利用率可以提高30%以上。另外,插电式混合动力电动汽车和纯电动汽车可以利用电网夜间波谷充电,提高了电网的综合效率。

(3) 优化能源消耗结构。我国已探明的石油储量仅占世界石油储量的2%~3%,从1993年开始,我国成为石油进口国,目前,我国交通运输石油消耗量约占石油总消耗的一半。新能源汽车具有能源来源多元化的特点,各种可再生能源可以转化为电能或氢能后被有效利用;同时,利用电网对电动汽车进行充电,增加了电力在交通能源领域中的应用,减少了对石油资源的依赖,优化了交通能源构成。

五 汽车技术发展趋势

自1886年世界上第一辆汽车问世至今,汽车的发展已经走过了近140多年的历史。与早期的汽车相比,虽然今天的汽车在结构、性能及用途等各方面都有了长足的进步,但随着汽车的普及和其保有量的急剧增加,汽车给人类带来了诸如能源紧张、交通拥堵、环境污染等问题,这就迫使汽车朝着更安全、环保、节能、高可靠性以及智能化方向发展。未来汽车技术的发展趋势,概括起来有以下几方面。

1 汽车安全技术会越来越受关注

汽车安全性所牵涉的面较广,就汽车的结构和系统来说,有主动安全装置和被动安全装置。安全装置的发展变化主要体现在制动性、操控稳定性及降低事故损失和伤害程度方面,其中的一些装置和技术已在轿车上(轿车的速度快、安全性尤为重要)广泛应用,如防抱死制动系统(ABS)、驱动防滑控制系统(ASR)、车速感应动力转向系统(CPS)、车辆稳定系统(ESP)、安全气囊(SRS)、安全转向柱等。为防止驾驶人操作失误而引发交通事故,一些智能型的安全装置也已开发应用,如:自动防撞系统、制动优先系统、自动驾驶技术、自动泊车系统等。随着计算机人工智能技术的发展,汽车的安全装置将越来越先进。

❷ 汽车环保技术将成为企业不容忽视的核心技术

汽车对环境的污染主要有以下几方面:发动机尾气、空调制冷剂泄漏、废弃的油料及重金属、废弃蓄电池等,其中尾气的污染尤为严重。因此,对尾气的排放限制和减排技术也提出更高要求。目前在汽车上用于降低排放的技术措施有:曲轴箱强制通风阀(PCV 阀)、活性炭罐(EVAP)、废气再循环(EGR)、三元催化器(TWC)等(在我国的汽油机上已普遍采用);改进燃烧系统与方式(缸内直喷、稀薄燃烧、高能点火)、高速断油技术、快速起停技术等(已在大部分汽车上使用)。新能源汽车的普及降低了对环境的污染。

❸ 汽车节能技术的重要性凸显

从经济性角度看,混合动力电动汽车和纯电动汽车有很大优势。但受制造成本、续驶里程、充电时间以及使用寿命等因素的影响,其广泛应用受到限制。随着动力蓄电池及相关技术的进步,新能源汽车的占有率逐年升高。

❹ 电子技术在汽车上的应用将呈几何级数地增加

以信息化、数字化、大数据、云计算等为特征的新一轮科技革命正在兴起,而汽车将成为应用这些最新科技成果的最佳载体之一,车载信息娱乐系统、车联网技术、智能化技术将引领未来技术发展的方向。未来的汽车将呈现"五化"趋势,即功能多元化、控制集成化、开发平台化、系统网络化和技术一体化。

汽车技术的发展将主要集中在汽车设计技术和电子控制综合化、驱动形式多样化、生产制造柔性化、材料轻量化、生产组织全球化上,以开发出更安全、舒适、无污染和节能型智能化汽车。

课题二　汽车分类及车辆识别代号

一　汽车的分类

根据现行国家标准《汽车和挂车类型的术语和定义　第 1 部分:类型》(GB/T 3730.1—2022)的规定,汽车分为乘用车、客车、载货汽车、专用汽车四类。

乘用车在设计、制造和技术特性上主要用于运载乘客及其随身行李和(或)临时物品,包括驾驶人座位在内最多不超过9个座位的汽车。乘用车按使用特性划分可以分为轿车、运动型乘用车、越野乘用车、多用途乘用车、专用乘用车五类。乘用车按车身形式划分可以分为普通乘用车、活顶乘用车、高级乘用车、双门乘用车、敞篷车、仓背乘用车、旅行车、短头乘用车八类。乘用车按等级划分可以分为微型、小型、紧凑型、中型、中大型、大型等不同级别。

三厢式轿车等级划分以车长为主要判定依据,参考排量和发动机最大净功率,见表1-5。

三厢轿车等级　　　　　　　　　　　　　　表1-5

代号	级别	车长 L （mm）	排量 V （mL）	发动机最大净功率 P （kW）
A00	微型	$L \leq 4000$	$V \leq 1300$	$P \leq 65$
A0	小型	$3700 \leq L \leq 4400$	$1100 \leq V \leq 1700$	$60 \leq P \leq 80$
A	紧凑型	$4200 \leq L \leq 4800$	$1300 \leq V \leq 1800$	$70 \leq P \leq 120$
B	中型	$4500 \leq L \leq 5000$	$1500 \leq V \leq 2800$	$90 \leq P \leq 150$
C	中大型	$4750 \leq L \leq 5200$	$2000 \leq V \leq 3500$	$100 \leq P \leq 175$
D	大型	$L \geq 5000$	$V \geq 3000$	$P \geq 150$

注:1. 排量和功率仅适用于仅以发动机为直接动力源的轿车。

2. 装备增压发动机的轿车以实际排量乘以1.5倍计算。

3. 同时符合多个级别的车型,由制造厂自主决定。

二厢式轿车及运动型乘用车等级划分以轴距或车长为主要判定依据,参考排量和发动机最大净功率,以轴距为判定依据时见表1-6,以车长为判定依据时,车长界限在表1-5中数值基础上减小200mm,排量、发动机最大净功率参考表1-5。

二厢轿车等级　　　　　　　　　　　　　　表1-6

代号	级别	轴距 D （mm）	排量 V （mL）	发动机最大净功率 P （kW）
A00	微型	$D \leq 2500$	$V \leq 1300$	$P \leq 65$
A0	小型	$2000 \leq D \leq 2675$	$1100 \leq V \leq 1700$	$60 \leq P \leq 80$
A	紧凑型	$2500 \leq D \leq 2800$	$1300 \leq V \leq 1800$	$70 \leq P \leq 120$

续上表

代号	级别	轴距 D (mm)	排量 V (mL)	发动机最大净功率 P (kW)
B	中型	$2700 \leqslant D \leqslant 3000$	$1500 \leqslant V \leqslant 2800$	$90 \leqslant P \leqslant 150$
C	中大型	$2850 \leqslant D \leqslant 3100$	$2000 \leqslant V \leqslant 3500$	$100 \leqslant P \leqslant 175$
D	大型	$D \geqslant 3000$	$V \geqslant 3000$	$P \geqslant 150$

注：1. 排量和功率仅适用于仅以发动机为直接动力源的轿车及运动型乘用车。
2. 装备增压发动机的轿车及运动型乘用车以实际排量乘以 1.5 倍计算。
3. 同时符合多个级别的车型，由制造厂自主决定。

二 车辆识别代号（VIN）

车辆识别代号，别名为车架号码，简称 VIN，是由 17 个英文字母和数字组成，用于汽车上的一组独一无二的号码，可以识别汽车生产商、发动机、底盘序号及其他性能等资料。

我国现行的国家标准《道路车辆 车辆识别代号（VIN）》（GB 16735—2019）于 2020 年 1 月 1 日实施。该标准与《道路车辆 世界制造厂识别代号（WMI）》（GB 16737—2019）标准配套使用，在全国范围内规范车辆的生产，为管理提供依据。

❶ VIN 所在位置

VIN 应位于易于看到并且能防止磨损或替换的部位，所选择的部位应在"用户手册"或此类出版物上给予说明。常见的部位如下。

（1）车辆前风窗玻璃的左下角。
（2）副驾驶右侧。
（3）车辆铭牌上。
（4）行李舱内侧。

❷ VIN 的组成

VIN 包括 3 部分，它们分别是世界制造厂识别代号（WMI）、车辆说明部分（VDS）和车辆指示部分（VIS）。

（1）世界制造厂识别代号（WMI）。由 3 位字码组成，第 1 位字码是由国际代理机构分配的，用以标明一个地理区域的字母或数字字码。第 2 位字码由国际代理机构分配的,用以标明一个特定地理区域内的一个国家或地区的字母或数字字码。通过第1位和第2位字码的组合使用可以确保对某个国家或地区的唯一识别。第3位字码是由授权机构分配,用以标明特定车辆制造厂的字母或者数字字码。通过第1位、第2位和第3位字码的组合使用可以确保对车辆制造厂的唯一识别。

(2)车辆说明部分(VDS)。由6位字码组成,如果制造厂所用字码不足6位,应在剩余位置填入制造厂选定的字母或数字,以表现车辆的一般特征,其代码及顺序由制造厂决定。

(3)车辆指示部分(VIS)。是VIN的最后部分,由8位字码组成,其最后4位应是数字。一般情况下,VIS部分的第1位字码指示年份,年份代码按表1-7规定使用(30年循环使用),第2位字码指示生产厂家,后6位指示厂址及生产序号。

年份代码   表1-7

年份	代码	年份	代码	年份	代码	年份	代码
1991	M	2001	1	2011	B	2021	M
1992	N	2002	2	2012	C	2022	N
1993	P	2003	3	2013	D	2023	P
1994	R	2004	4	2014	E	2024	R
1995	S	2005	5	2015	F	2025	S
1996	T	2006	6	2016	G	2026	T
1997	V	2007	7	2017	H	2027	V
1998	W	2008	8	2018	J	2028	W
1999	X	2009	9	2019	K	2029	X
2000	Y	2010	A	2020	L	2030	Y

❸ 对字码的规定

在VIN码中仅能采用下列阿拉伯数字和大写的罗马字母:0、1、2、3、4、5、6、7、8、9、A、B、C、D、E、F、G、H、J、K、L、M、N、P、R、S、T、U、V、W、X、Y、Z,字母I、O、Q不能使用。

❹ 国产汽车VIN码解读示例

(1)红旗轿车的识别代号LFPH4ACB411C02008解读(表1-8)。

单元一 汽车概论

红旗轿车的车架号解读 表1-8

组成	WMI			VDS						VIS							
代码	L	F	P	H	4	A	C	B	4	1	1	C	0	2	0	0	8
位序	1	2	3	4	5	6	7	8	9	10	11	12	13	14	15	16	17

第1位:L,代表中国。

第2位:F,代表一汽轿车股份有限公司。

第3位:P,代表红旗轿车。

第4位:H,代表红旗CA7180和CA7202系列等。

第5位:4,代表发动机为CA7180和CA7202系列等。

第6位:A,代表发动机类型及配置代码,发动机为CA7180和CA7202系列等。

第7位:C,代表车架形式代码,为CA7180和CA7202系列等。

第8位:B,代表安全保护装置代码,为CA7180和CA7202系列等。

第9位:4,代表校验码。

第10位:1,代表2001年。

第11位:1,代表装配厂,是一汽轿车股份有限公司装配的车。

第12位:C,代表生产线代码,A是加长线,B是大红旗线,C是直属总装线。

第13~17位:02008,是该车辆制造的出厂顺序号。

(2)上海大众帕萨特轿车的识别代号 LSVCC2A42CN013984[从左至右,字母(或数字)依次对应1~17位序]解读(表1-9)。

上海大众帕萨特轿车的车架号解读 表1-9

位序	解读	位序	解读
1	制造厂识别代码:上汽大众汽车有限公司	7	车辆等级代码:A4
2		8	
3		9	检验代码:2
4	车身形式代码:新帕萨特轿车PASSAT、四门加长型折背式车身	10	生产年份代码:2012年
5	发动机/变速器代码:1.8TSi CEA型汽油发动机,国Ⅳ,功率:118kW,配套6速自动变速器	11	生产装配工厂代码:产地上汽大众汽车有限公司(江苏南京)
6	乘员保护系统代码:安全气囊(驾驶人和副驾驶人、前座侧面)	12~17	工厂生产顺序代码:013984

课题三　汽车的总体构造

汽车通常由发动机、底盘、车身、电气设备四部分组成。汽车总体构造如图1-5、图1-6所示。

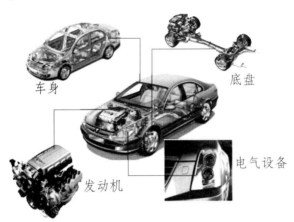

图1-5　汽车总体构造

图1-6　轿车整车透视图

一　发动机

发动机是汽车的动力源,其功用是使供入其中的燃料燃烧而发出动力。现代汽车发动机主要采用的是往复活塞式内燃机。它一般由曲柄连杆机构、配气机构、燃料供给系统、冷却系统、润滑系统、点火系统(汽油发动机采用)和起动系统等组成。发动机的总体构造如图1-7所示。

发动机总体构成

(1)曲柄连杆机构。曲柄连杆机构包括机体组、活塞连杆组、曲轴飞轮组。该机构是发动机借以产生动力,并将活塞的直线往复运动转变为曲轴的旋转运动而输出动力的机构。

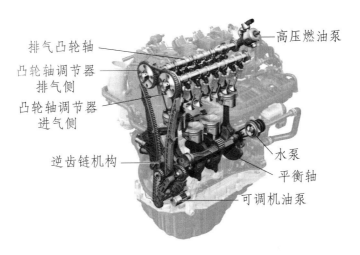

图1-7 EA888发动机

（2）配气机构。配气机构包括气门组和气门传动组。其功用是使可燃混合气及时进入汽缸并在燃烧后及时将废气从汽缸中排出。

（3）燃料供给系统。汽油机的燃料供给系统由汽油箱、汽油滤清器、汽油泵、节气门体、喷油器、供油管、空气滤清器和进气歧管等组成。其功用是向汽缸内供给已配好的可燃混合气（缸内喷射式发动机为空气），并控制进入汽缸内可燃混合气的数量，以调节发动机输出功率和转速，最后，将燃烧后的废气排出汽缸。柴油机燃料供给系统由柴油箱、输油泵、喷油泵、柴油滤清器、喷油器、进排气管和排气消声器等组成，其功用是定时向汽缸内喷入一定数量和一定压力的柴油，以调节发动机输出的功率和转速，最后将燃烧后的废气排出汽缸。

（4）冷却系统。冷却系统有水冷和风冷两种，现代汽车一般都采用水冷式。由水泵、散热器、风扇、节温器、水套等组成。其功用是利用冷却液冷却高温零件，并通过散热器将热量散发到大气中去，从而保证发动机在最适宜的温度范围内工作。

（5）润滑系统。润滑系统由机油泵、集滤器、滤清器、油道、油底壳、调压阀和安全阀等组成。其功用是将润滑油分送至各个摩擦零件的摩擦面，以减小摩擦力，减缓机件磨损，并清洗、冷却摩擦表面，从而延长发动机使用寿命。

（6）点火系统。汽油发动机传统点火系统包括电源（蓄电池和发电机）、点火控制单元、点火线圈、分缸线和火花塞等。其功用是按控制要求向汽缸内提供电火花以点燃缸内的可燃混合气。

（7）起动系统。起动系统由起动机及附属设备组成。其功用是带动飞轮旋转以获得必要的动能和起动转速，使静止的发动机起动并转入自行运转状态。

二、底盘

底盘的功用是支撑、安装汽车发动机及其各部件、总成,形成汽车的整体造型,并接受发动机的动力,使汽车产生运动,保证正常行驶。它由传动系统、行驶系统、转向系统和制动系统四部分组成。常见载货汽车和轿车(后驱动)的底盘构造如图1-8及图1-9所示。

底盘组成

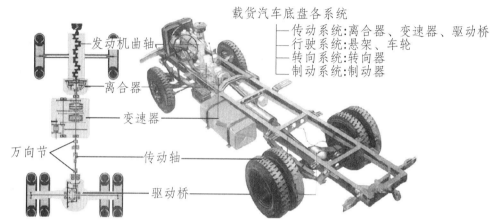

图1-8 载货汽车底盘构造

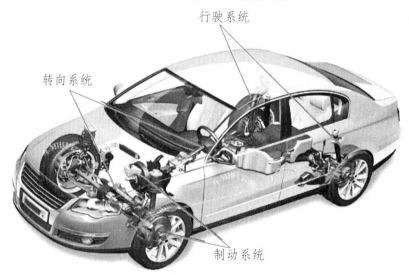

图1-9 轿车(后轮驱动)底盘构造

(1)传动系统。传动系统用来将发动机输出的动力传至驱动轮,并保证汽车正常行驶。它由离合器、变速器、万向传动装置和驱动桥组成。

(2)行驶系统。行驶系统将汽车构成一整体,并承受各种力和力矩,同时把传动系统传至驱动轮的转矩转化成驱动力,驱动汽车平顺行驶。它是汽车的基础,由车架、车桥、车轮与轮胎及位于车桥和车架之间的悬架装置组成。

(3)转向系统。转向系统用来实现转向并保证汽车直行的稳定性。它主要由转向操纵机构、转向器和转向传动机构组成。

(4)制动系统。制动系统的功用是使行驶中的汽车迅速减速直至停车,控制车速,保证汽车可靠停放。它由行车制动装置和驻车制动装置组成。行车制动装置由设在每个车轮上的制动器和制动操纵机构组成,由驾驶人通过制动踏板来操纵。驻车制动装置的制动器有装在变速器第二轴上的,但大多数是与后桥制动器合一的,驻车制动器多由手操纵杆来操纵。

三 车身

汽车车身是驾驶人工作的场所,也是装载乘客和货物的场所。车身不仅要为驾驶人提供方便的操作条件、为乘客提供舒适安全的环境或保证货物完好无损,还要求其外形精致,给人以美的感受。

——车身结构3D展示——承载式车身

车身的类型有多种,结构各不相同。

(1)按车身承受载荷的方式分类。分为非承载式、承载式和半承载式等3种。

①非承载式车身,又称车架式车身,是车身本体悬置于车架上的车身结构形式。悬置是用弹性元件连接,车身本体基本上不承受行驶时道路对汽车的外加载荷。大客车、货车多采用非承载式车身。

②承载式车身,又称无车架式车身,是车身和车架共同组成车身本体的刚性空间结构,承受全部载荷。轿车多采用承载式车身。

③半承载式车身,又称底架式承载车身,车身本体与底架用焊接或螺栓刚性连接,使车身与底架成为一体而承受载荷。

(2)按车身的用途分类。分为货车车身、轿车车身和客车车身3种。

货车车身结构由驾驶室和车厢两部分组成,属于非承载式车身。轿车车身结构一般由车前、车底、侧围、顶盖和后围等部分组成,属于承载式车身。如图1-10~图1-15所示。客车车身均采用骨架式结构的厢式车身,车身本体由车身骨架与车身蒙皮等构件组成。客车车身按部位的不同分为前围、后围、侧围、顶盖及地板等部分。图1-16所示为客车车身骨架主要构件名称。

汽车车身还有4类附件:第一类是提供安全性的车身附件,如风窗刮水器、风窗玻璃洗涤器、后视镜、门锁、行李舱锁、除霜器、玻璃升降器、座椅安全带等;第二类是提供舒适性的车身附件,如空调装置、暖气装置、冷气装置、座椅、头枕、脚蹬、扶手等;第三类是提供娱乐性的车身附件,如无线电收音机、杆式天线、电视机、立体声音响装置等;第四类是提供方便性的车身附件,如点烟器、烟灰盒、无线电话机、小型电冰箱等。

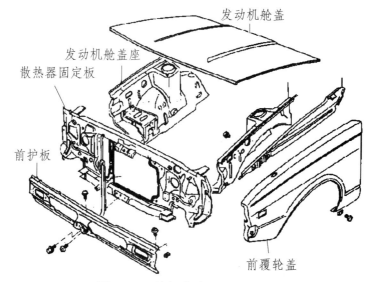

图1-10　前部车身的构成零件

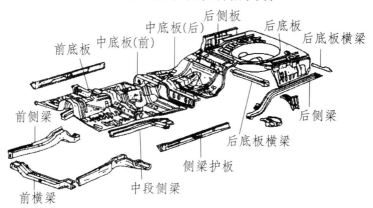

图1-11　车身底板的构成零件

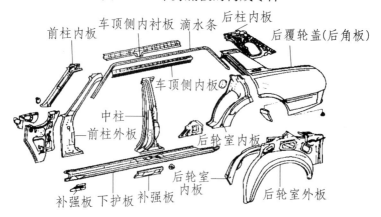

图1-12　车身侧围的构成零件

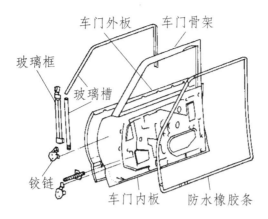

图 1-13 车门的构成零件

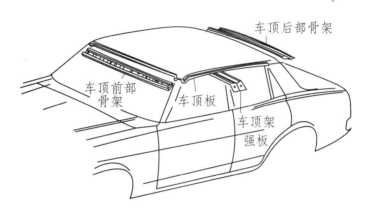

图 1-14 车身顶盖的构成零件

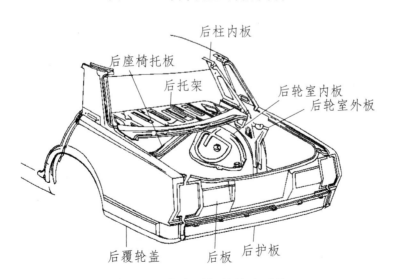

图 1-15 车身后部的构成零件

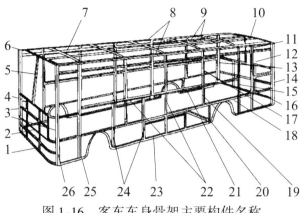

图 1-16 客车车身骨架主要构件名称

1-前围裙边梁；2-前围搁梁；3-前围立柱；4-风窗框下横梁；5-风窗中立梁；6-风窗框上横梁；7-顶盖横梁；8-上边梁；9-顶盖纵梁；10-后窗框上横梁；11-后窗中柱；12-后窗框下横梁；13-后围立柱；14、17-后围搁梁；15、26-门立柱；16-后围裙边梁；18-侧围搁梁；19、24-腰立柱；20-斜撑；21-腰梁；22、25-侧围立柱；23-侧围裙边梁

四 电气设备

现代汽车电气设备由电源、用电设备和配电装置 3 部分组成。电源部分包括蓄电池、发电机和调节器。用电设备部分包括起动系统、点火系统、照明设备、信号装置、仪表及报警装置、汽车电子控制系统和辅助电器等。配电装置包括中央接线盒、电路开关、熔断器、插接件和导线。

五 新能源汽车的构造

1 混合动力电动汽车

混合动力电动汽车是指能够至少从下述两类车载储存的能量中获得动力的汽车：①可消耗的燃料；②可再充电能/能量储存装置。如图 1-17 所示。车辆的行驶功率依据实际的车辆行驶状态由单个驱动系单独或多个驱动系共同提供。因动力系统结构形式、外接充电能力、行驶模式的选择方式不同，混合动力电动汽车有多种形式。目前国内市场上，混合动力电动汽车主要是以汽油为动力源之一，而国际市场上以柴油为动力源之一的混合动力电动汽车发展也很快。

2 纯电动汽车

纯电动汽车是指驱动能量完全由电能提供、由电机驱动的汽车如图 1-18 所示。电机的驱动电能来源于车载可充电储能系统或其他能量储存装置。

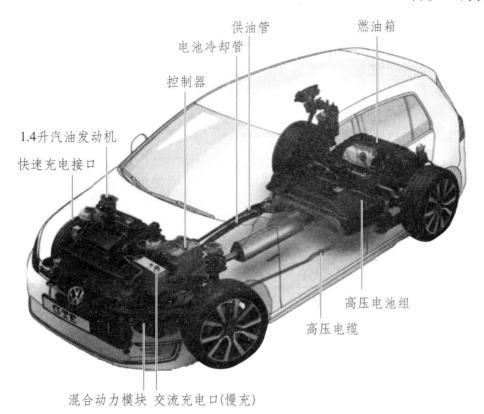

图 1-17 混合动力电动汽车

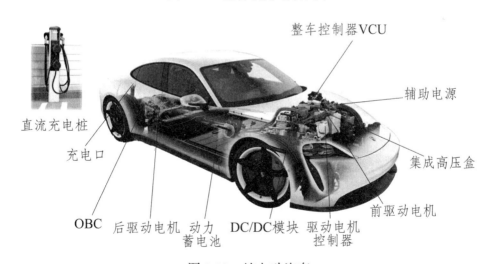

图 1-18 纯电动汽车

电动汽车本身不排放污染大气的有害气体,即使按所耗电量换算为发电厂的排放,除硫和微粒外,其他污染物也显著减少。因发电厂大多建于远离人口密集的地区,对人类伤害较少,而且发电厂的固定性使其能够集中排放,这便于清除各种有害排放物。

❸ 燃料电池电动汽车

燃料电池电动汽车(图 1-19),是以燃料电池系统作为单一动力源或者是以燃料电池系统与可充电储能系统作为混合动力源的电动汽车。燃料电池电动汽车与纯电动汽车的主要区别在于动力蓄电池的工作原理。一般来说,燃料电池是通过电化学反应将化学能转化电能,电化学反应所需的还原剂一般为氢气,氧化剂则为氧气,因此最早开发的燃料电池电动汽车多直接采用氢燃料。可采用液化氢、压缩氢气或金属氢化物储氢等形式对氢气进行储存。燃料电池的化学反应过程不会产生有害产物,因此燃料电池电动汽车属无污染汽车。燃料电池的能量转换效率比内燃机高 2~3 倍,因此从能源利用和环境保护角度,燃料电池电动汽车是一种理想的车辆。

图 1-19 燃料电池电动汽车

单个燃料电池必须组合成燃料电池组,以便获得必需的动力,满足车辆使用的要求。

课题四 汽车主要技术参数

一、汽车的主要尺寸参数

汽车的主要尺寸参数包括总长、总宽、总高、轴距、轮距、前悬、后悬、最小离地间隙等,如图 1-20 所示。

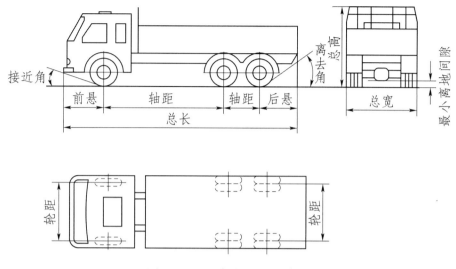

图 1-20　汽车主要尺寸参数

（1）总长。车体纵向的最大尺寸（前后最外端间的距离）。

（2）总宽。车体横向的最大尺寸。

（3）总高。车体最高点到地面间的距离。

（4）轴距。相邻两轴中心线之间的距离。

（5）轮距。同一车桥左右轮胎面中心线（沿地面）间的距离。双胎结构则为双胎中心线间的距离。

（6）前悬。汽车最前端至前轴中心线间的距离。

（7）后悬。汽车最后端至后轴中心线间的距离。

二　汽车的质量参数

汽车的质量参数主要有整备质量、最大装载质量、最大总质量、整备质量利用系数和轴荷分配等。

（1）整备质量。整车装备齐全,加足燃油、润滑油和工作液（如制动液、冷却液）,并带齐随车工具、备胎及其他规定应带的备品,但未载人、载货时的总质量。整备质量越小的汽车,燃油消耗越少,经济性越好。

（2）最大装载质量。设计允许的最大载货（客）的质量。乘用车一般以座位数计算,商用车中的客车以载客量计。超载将导致车辆早期损坏,制动距离变长,甚至造成交通事故。

（3）最大总质量。汽车满载时的总质量。最大总质量 = 整车装备质量 + 最大装载质量。

(4)整备质量利用系数。指载货汽车的装载量与其整备质量之比。它表明单位汽车整备质量所承受的汽车装载质量。此系数越大表明该车型的材料利用率及设计与工艺水平越高。

(5)轴荷分配。指汽车空载和满载时的整车质量分配到各个车轴上的百分比。它是汽车的重要质量参数,对汽车的牵引性、通过性、制动性、操纵性和稳定性等主要性能以及轮胎的寿命,都有很大的影响。

三 汽车的主要性能指标

汽车的主要性能指标包括汽车的动力性能(如最高车速、加速时间、最大爬坡度)、经济性能(汽车的燃料消耗量)、制动性能(制动距离)、通过性能(最小转弯半径、最小离地间隙、接近角、离去角)、操纵稳定性和汽车有害气体排放等。

(1)最高车速。指汽车在平直良好的道路上行驶所能达到的最大车速(km/h)。它是汽车的一个重要动力性指标。目前,普通轿车最高车速一般为 150~200km/h。

(2)加速时间。指汽车加速到一定车速所需要的时间,常用原地起步加速时间与超车加速时间表示。它也是汽车动力性能的重要指标。轿车常用 0~100km/h 的换挡加速时间来评价,如普通轿车为 10~15s。

(3)最大爬坡度。指车辆满载时的最大爬坡能力(%)。一般要求在 30% 左右;越野车要求更高,一般在 60% 左右。

(4)燃料消耗量。通常以百千米油耗衡量,即汽车在良好的水平硬路面上以一定的载荷(轿车半载、货车满载)及最高挡等速行驶时的百千米燃料消耗量,单位为 L/100km。它是汽车的燃料经济性常用的评价指标。

(5)最小转弯半径。转向盘转至极限位置时外侧转向轮中心平面的移动轨迹圆半径(m)。最小转弯半径越小,汽车的机动性越好。轿车的最小转弯半径一般为轴距的 2~2.5 倍。

(6)制动距离。指在良好的试验跑道上、在规定的车速下紧急制动时,由踩制动踏板起到完全停车时的距离。我国通常以 30km/h 和 50km/h 车速下的最小制动距离来评价汽车的制动效能。如乘用车以 50km/h 车速下的最小制动距离应不大于 19m。

(7)最小离地间隙。指汽车满载、静止时,底盘下部(车轮除外)最低点到地面间的距离(图 1-20)。

(8)接近角。车体前部凸出点向前轮引的切线与地面间的夹角(图 1-20)。

(9)离去角。车体后端凸出点向后轮引的切线与地面间的夹角(图1-20)。

(10)汽车有害气体排放。汽车排放的有害气体主要有一氧化碳(CO)、碳氢化合物(HC)、氮氧化物(NO_x)、二氧化硫(SO_2)、醛类和微粒等,它们对人体有害,应予以控制。

课题五　汽车行驶基本原理

欲使汽车行驶,必须对汽车施加一个与行驶方向相同的推动力,以克服行驶中受到的各种阻力。这个推动汽车行驶的力称为驱动力。

一　驱动力的产生

发动机曲轴输出的转矩(M_t)经传动系统传至驱动轮,由于驱动轮和路面接触,此时轮胎对路面产生一切向的作用力(F_0),同时路面对驱动轮产生一切向的反作用力(F_t),F_t即为汽车的驱动力。在F_t的作用下,克服汽车的行驶阻力,推动汽车行驶,如图1-21所示。

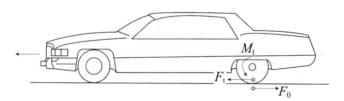

图1-21　汽车驱动力的产生原理

驱动力F_t的方向与汽车的行驶方向相同,大小除取决于发动机曲轴输出转矩和传动系统的传动比及传动效率外,还受到驱动轮轮胎与路面之间的附着力的限制。如果驱动力大于附着力,驱动轮便打滑。所以,汽车行驶的条件是驱动力大于行驶阻力而又小于附着力。

二　附着力

附着力是指由路面提供的切向反作用力的最大值。其大小取决于车轮与地面的附着系数和轮胎所受的轴载。影响附着力大小的因素有:轮胎气压、花纹、运动状态、道路质量、载荷大小等。通常轮胎的气压越低、车速慢、越野花纹、干燥混凝土或沥青路面以及增加载质量都能使附着力增大。

三 汽车行驶阻力

汽车行驶中遇到的阻力有滚动阻力、空气阻力、上坡阻力和加速阻力。

滚动阻力的大小与轮胎的载荷、结构、气压、路面质量、车速等有关。其中主要是和轮胎及路面的变形有关。轮胎变形大时,滚动阻力矩增大,故滚动阻力增大。空气阻力的大小与汽车车速、迎风面积及车身结构(流线型、导流装置)有关。滚动阻力和空气阻力在汽车行驶中始终存在,只是当车速较低时,空气阻力可忽略不计。

上坡阻力只有在汽车上坡行驶时存在,其大小与汽车质量、坡道角度有关。加速阻力只有在汽车加速行驶时存在,其大小与汽车质量、汽车加速度有关。

单元小结

(1)汽车是由自身的动力装置驱动,具有4个或4个以上车轮的非轨道承载车辆,主要用于载运人员、货物及作某些特殊用途。

(2)汽车诞生于1886年,是由德国人本茨和戴姆勒发明的。世界汽车工业的发展经历了从欧洲到美国、从美国到欧洲、从欧洲到日本、从发达国家到发展中国家的四次大转移。

(3)按用途分,我国汽车分为乘用车、客车、载货汽车、专用汽车四类。

(4)车辆识别代号VIN包括3部分,它们分别是世界制造厂识别代号(WMI)、车辆说明部分(VDS)和车辆指示部分(VIS)。

(5)汽车由发动机、底盘、车身、电气设备四部分组成。

(6)发动机的功用是使供入其中的燃料燃烧而发出动力。它由曲柄连杆机构、配气机构、燃料供给系统、冷却系统、润滑系统、点火系统(汽油发动机采用)和起动系统等组成。

(7)底盘的功用是支撑、安装汽车发动机及其各部件、总成,形成汽车的整体造型,并接受发动机的动力,使汽车产生运动,保证正常行驶。它由传动系统、行驶系统、转向系统和制动系统四部分组成。

(8)汽车电气设备由电源、用电设备和配电装置3部分组成。

(9)车身是驾驶人工作的场所,也是装载乘客和货物的场所。

(10)汽车的主要尺寸参数包括总长、总宽、总高、轴距、轮距、前悬、后悬、最小离地间隙等。汽车的质量参数主要有整备质量、最大装载质量、最大总质量、整备质量利用系数和轴荷分配等。汽车的主要性能指标包括汽车的动力性能、经济性能、制动性能、通过性能、操纵稳定性及汽车有害气体排放等。

（11）欲使汽车行驶，必须对汽车施加一个与行驶方向相同的推动力，以克服行驶中受到的各种阻力。这个推动汽车行驶的力称为驱动力。汽车行驶中遇到的阻力有滚动阻力、空气阻力、上坡阻力和加速阻力。

（12）新能源汽车包括插电式混合动力电动汽车、纯电动汽车和燃料电池汽车，其主要特征是采用新型动力系统、完全或主要依靠新型能源驱动的汽车。

技能训练

（1）汽车总体构造认识。
（2）汽车主要部件识别。

思考与练习

（一）填空题

1. 汽车是由自身的_____驱动，具有4个或4个以上车轮的_____承载车辆，主要用于载运人员、货物及作某些特殊用途。

2. 我国的新能源汽车主要指_____、_____和_____。

3. 按用途分，我国汽车分为_____和_____两大类。

4. VIN 包括三部分，它们分别是世界制造厂_____（WMI）、车辆_____（VDS）和车辆_____（VIS）。

5. 汽车由_____、_____、_____和_____四部分组成。

6. 汽油发动机的二个机构和五个系统是指_____、_____、_____、_____、_____、_____、_____。

7. 汽车底盘主要由_____、_____、_____、_____组成。

8. 混合动力汽车至少能够从_____和_____两类车载储存的能量中获得动力的汽车。

9. 纯电动汽车是指完全由_____提供的、由_____驱动的汽车。

10. 汽车行驶中遇到的阻力有_____、_____、_____和_____。

（二）判断题

1. 1913年，福特汽车公司首次推出了流水组装线的生产方式，使汽车成本大降。　　　　　　　　　　　　　　　　　　　　　　　　（　　）

2. 我国第一汽车制造厂创建于 1953 年，厂址在吉林省长春市。　　（　　）
3. 汽车电源部分包括蓄电池、发动机和调节器。　　　　　　　　（　　）
4. 汽车最高车速是指汽车在道路上行驶所能达到的最大车速（km/h）。
　　　　　　　　　　　　　　　　　　　　　　　　　　　　（　　）
5. 我国的新能源汽车就是指纯电动汽车。　　　　　　　　　　　（　　）

（三）简答题

1. 汽车 VIN 码常见的部位是哪里？
2. 发展新能源汽车的意义是什么？
3. 汽车的主要尺寸参数包括哪些？
4. 汽车的质量参数主要有哪些？
5. 汽车的主要性能指标包括哪些？

单元二
机械识图

学习目标

知识目标

1. 了解投影的形成过程及机械识图所采用的投影方法；
2. 掌握三视图的形成方法；
3. 掌握零件的各种视图表达方法。

技能目标

1. 能运用三视图的投影规律绘制物体的三视图；
2. 能看懂较复杂结构零件的零件图和简单装配图。

素养目标

1. 培养自主学习的习惯；
2. 养成认真负责的工作态度和严谨细致的工作作风。

建议完成本单元的课时为 **10** 课时。

课题一 机械识图基本知识

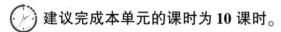 投影的基本知识

当灯光或太阳光照射物体时,在墙面或地面上会出现影子。这种投射线通过物体向预定的平面投射,并在该平面上得到图形的方法,称为投影法；该预定平面称为投影面。投影法分为中心投影法和平行投影法两类。

1 中心投影法

投射线汇交于一点的投影法称为中心投影法,如图 2-1 所示。投射线的交点 S 称为投射中心。中心投影法立体感强,比较直观,但它不能准确反映物体的真实大小,故不适用于绘制机械图样。

投影法

2 平行投影法

如果将投射中心 S 移到无穷远处,则所有的投射线都互相平行。这种投射线互相平行的投影法称为平行投影法。根据投射线与投影面是否垂直,平行投影法又可分为以下两种。

(1)斜投影法——投射线与投影面倾斜,如图 2-2a)所示。

(2)正投影法——投射线与投影面垂直,如图 2-2b)所示。

由于正投影法能准确表达物体表面的真实形状和大小,作图比较方便,故在机械制图中得到广泛采用。

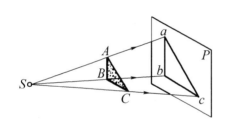

图 2-1 中心投影法

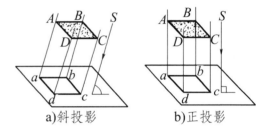

a)斜投影 b)正投影

图 2-2 平行投影法

二 机械制图国家标准的有关规定

1 图纸幅面

图纸幅面是指图纸的宽度与长度组成的图面。绘制工程图样时,应优先采用表 2-1 中所规定的五种基本幅面尺寸,分别是 A0、A1、A2、A3、A4 表示。必要时,也允许加长图幅,加长后幅面是由基本图幅的短边成整数倍增加后得出。绘图时,图纸可以横放或竖放。为了便于图样的绘制、使用和保管,图样均应画在规定幅面和格式的图纸中。

图纸基本幅面代号与尺寸(单位:mm)　　　表 2-1

幅面代号	A0	A1	A2	A3	A4
$B \times L$	841×1189	594×841	420×594	297×420	210×297

续上表

幅面代号	A0	A1	A2	A3	A4
e	20	20	10	10	10
c	10	10	10	5	5
a	25				

❷ 图纸格式

图纸上限定绘图区域的线框称为图框。图纸上必须用粗实线绘出图框线，图框格式分为留装订边和不留装订边两种，如图2-3和图2-4所示。但同一产品的图样只能采用一种格式。

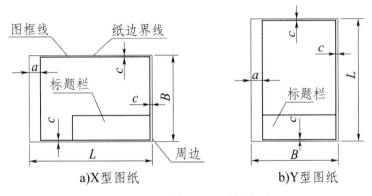

图2-3　留装订边的图框格式

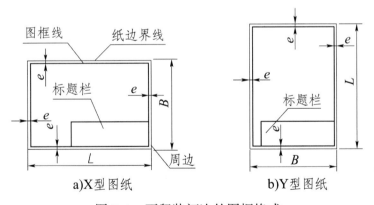

图2-4　不留装订边的图框格式

❸ 标题栏

由《技术制图　标题栏》(GB/T 10609.1—2008)，标题栏位置与方向一般位于图框右下角，其外框线用粗实线绘制，右边和底边与图框线重合，标题栏框内的图线用细实线绘制，标题栏格式、内容和尺寸在《技术制图　标题栏》中已做了规定，如图2-5所示。作业中可以采用如图2-6所示简化后标题栏。

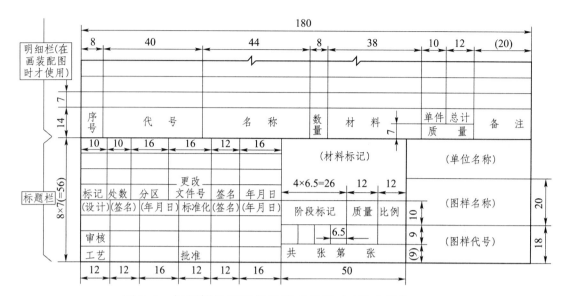

图 2-5　标题栏及明细栏的格式及尺寸(尺寸单位:mm)

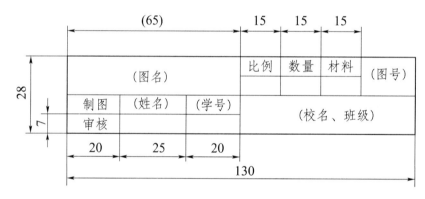

图 2-6　简化标题栏(尺寸单位:mm)

4 比例

由《技术制图　比例》(GB/T 14690—1993),比例是指图样中图形与其实物相应要素的线性尺寸之比。绘图时,可按表 2-2 规定的比例选用。

比例选用标准规定　　　　　　　　　　　　　　　表 2-2

种类	比例
放大比例	4:1　2.5:1　$4\times10^n:1$　$2.5\times10^n:1$
缩小比例	1:1.5　1:2.5　1:3　1:4　1:6　$1:1.5\times10^n$　$1:2.5\times10^n$　$1:3\times10^n$　$1:4\times10^n$　$1:6\times10^n$
原值比例	1:1

注:n 为正整数。

比例一般应标注在标题栏内,必要时,可在视图名称的下方或右侧标注比例,如:$\dfrac{I}{2:1}$ $\dfrac{A}{1:10}$ $\dfrac{B-B}{5:1}$。

图样无论放大或缩小,图形上所注尺寸数字必须是实物的实际大小,而与比例无关,画图时应尽量采用1:1的比例。在标注尺寸时,不论图形是放大还是缩小,都应标注物体的真实尺寸大小。图2-7所示为同一物体采用不同比例后画出的图形。

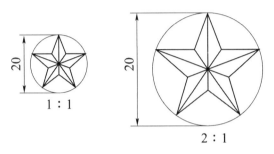

图2-7　不同比例画出的图(单位:mm)

❺ 字体

由《技术制图　字体》(GB/T 14691—1993),图样上和技术文件中书写字体必须做到:字体工整、笔画清楚、间隔均匀、排列整齐。

(1)字高。字体高度(用 h 表示),其公称尺寸系列为1.8mm、2.5mm、3.5mm、5mm、7mm、10mm、14mm、20mm。如需要书写更大的字时,其字体高度应按$\sqrt{2}$的比率递增。字体的号数代表字体的高度,例如10号字代表字高10mm。

(2)字母和数字。在图样中,字母和数字可写成斜体或直体,斜体字字头向右倾斜,与水平基准线成75°。字母和数字分A型和B型,A型字体的笔画宽度为字高的1/14,B型字体的笔画宽度为字高的1/10,但在同一图样上,只允许选用一种形式。技术图样中常用的字母有拉丁字母和希腊字母两种,常用的数字有阿拉伯数字和罗马数字两种,字母和数字的示例如图2-8所示。

a)阿拉伯数字　　　　　　　　b)拉丁字母

图2-8　A型字体实例

(3) 汉字。汉字应写成长仿宋体字,并应用国家正式公布推行的简化字。汉字的高度 h 不应小于 3.5mm,其字宽一般为 $h/\sqrt{2}$。书写长仿宋体汉字的要领是:横平竖直、起落分明、结构均匀、粗细一致,填写满格。图 2-9 所示为长仿宋体汉字的示例。

10号

字体端正　笔画清楚　排列整齐　间隔均匀

7号

装配时作斜度深沉最大小球厚直网纹均布水平镀抛光研
视图向旋转前后表面展开两端中心孔锥销键

5号

技术要求对称不同轴垂线相交行径跳动弯曲形位移允许偏差内外左右
检验数值范围应符合于等级精热处理淬退回火渗碳硬有效总圈并紧其
余未注明按全部倒角

图 2-9　长仿宋体字

❻ 图线及其应用

图线是指起点和终点之间以任何方式连接的一种几何图形,形状可以是直线或曲线、连续线或不连续线。图线的基本类型国家标准《机械制图　画样画法　画线》(GB/T 4457.4—2002)中做了规定,机械图样中常用图线及其应用见表 2-3。

机械图样中常用的线型及其应用　　　　表 2-3

名称	线型	线宽	应用
粗实线	———————	d	可见轮廓线;可见过渡线
细实线	———————	约 $d/2$	尺寸线、尺寸界线、剖面线、重合断面的轮廓线及指引线等
波浪线	∼∼∼∼∼	约 $d/2$	断裂处的边界线、视图和剖视的分界线
双折线	—⋀—⋀—	约 $d/2$	断裂处的边界线、视图和剖视图的分界线
虚线	- - - - - -	约 $d/2$	不可见轮廓线;不可见过渡线
细点画线	—·—·—·—	约 $d/2$	轴线、对称中心线等
粗点画线	—·—·—·—	d	有特殊要求的线或表面的表示线
双点画线	—··—··—··	约 $d/2$	极限位置的轮廓线、相邻辅助零件的轮廓线等

单元二 机械识图

7 尺寸标注

机械图样中的尺寸标注,应严格遵守国家标准《机械制图 尺寸标注》(GB 4458.4—2003)中规定。图样中,尺寸单位是 mm(毫米)时不需要注明,采用其他单位时必须注明单位的代号或名称;零件的真实大小,应以图上所注尺寸数值为依据,与图形的比例及绘图的准确度无关,在同一图样中,每一尺寸一般只标注一次。

(1)尺寸四要素。完整的尺寸标注由下列四要素组成:①尺寸线(细实线);②箭头;③尺寸界线(细实线);④尺寸数字。完整的尺寸标注如图 2-10 所示。

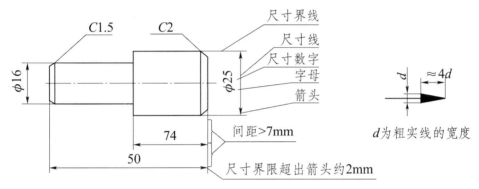

图 2-10 尺寸标注

(2)标注尺寸注意事项。①尺寸线必须用细实线单独画出;轮廓线、中心线或它们的延长线均不可作尺寸线使用。②标注直线尺寸时,尺寸线必须与所标注的线段平行。③尺寸界线用细实线绘制,尺寸界线应与尺寸线垂直。④尺寸界线可由图形的轮廓线、轴线或对称中心线引出,也可利用图形的轮廓线、轴线或对称中心线作为尺寸界线。标注尺寸注意事项如图 2-11 所示。

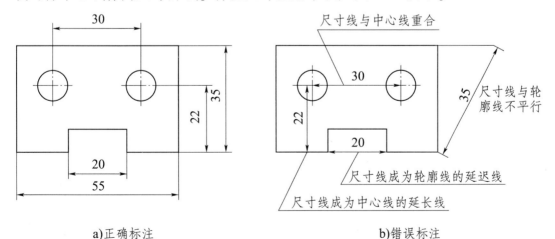

a)正确标注   b)错误标注

图 2-11 尺寸标注注意事项(单位:mm)

三 视图的形成及投影规律

1 视图的概念

用正投影法绘制的物体投影图称为视图,如图2-12所示。用正投影法画视图时,假设观察者的视线相互平行,并与投影面垂直。

2 三视图的形成

从图2-12中可看出,这个视图只能反映出该物体的长度和高度,不能反映该物体的宽度。通常一个视图不能完全确定物体的形状和大小,如图2-13所示,两个物体形状不同,但视图却相同。

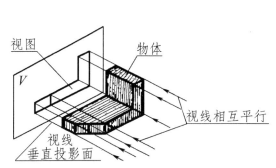

图2-12 视图的概念

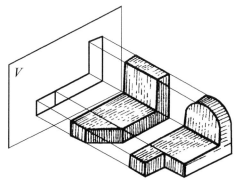

图2-13 一个视图不能确定物体的形状

在同一投影面上完全相同的视图,可以由不同形状的物体投影而成;同时,为反映物体的长、宽、高方向尺寸,通常是把物体放在由3个相互垂直的投影面所组成的三投影面体系中,然后按正投影原理从3个方向进行观察,这样就可以在3个投影面上画出3个视图,用以表达机件的结构形状,即三视图。

三投影面体系的构成如图2-14所示。它由相互垂直的正投影面(简称 V 面)、水平投影面(简称 H 面)、侧投影面(简称 W 面)组成。3个投影面之间的交线称为投影轴,分别用 OX、OY、OZ 表示,3个投影轴的交点称为原点,用符号 O 表示。

将物体放在三投影面体系中,按正投影法投影得到3个视图。

(1)主视图。由前向后投射,在 V 面上得到的视图。

(2)俯视图。由上向下投射,在 H 面上得到的视图。

(3)左视图。由左向右投射,在 W 面上得到的视图。

三视图

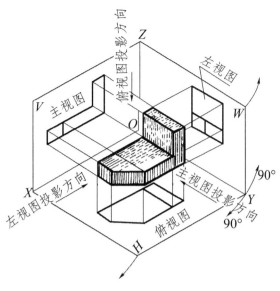

三视图的关系及投影规律

图 2-14　三视图及其投影体系

为将三视图画在同一平面内,需将三投影面展开为 1 个平面。展开时,V 面不动,将 H 面绕 X 轴向下旋转 90°,将 W 面绕 Z 轴向右旋转 90°。

❸ 三视图的投影规律

物体有左右、前后、上下 6 个方位,它们分别反映物体的长、宽和高。而每一视图只能反映 2 个方向的位置关系。只有将 2 个或 3 个视图联系起来,才能反映物体的完整形状。

(1)主视图。反映物体的左右和上下位置关系,即物体的长和高。

(2)俯视图。反映物体的左右和前后位置关系,即物体的长和宽。

(3)左视图。反映物体的前后和上下的位置关系,即物体的宽和高。

由于 3 个视图反映的是同一物体,由此可得出三视图的投影规律:主、俯视图长对正;主、左视图高平齐;俯、左视图宽相等,简称为"长对正、高平齐、宽相等"。

四　基本形体的投影

汽车等各类机器或物体都可看作是由若干基本形体,如棱柱、棱锥、圆柱、圆锥和球等按一定方式组合而成的。基本形体分为两类:一类是由平面围成的立体,称为平面立体;另一类是由曲面与平面或曲面围成的立体,称为曲面立体。

❶ 平面立体的投影

常见的平面立体有棱柱类、棱锥类及棱台类等,如图 2-15 所示。

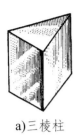   

a)三棱柱　　　b)六棱柱　　　c)六棱锥　　　d)六棱台

图 2-15　平面立体

棱柱类的结构特点是上、下两底面互相平行,各侧面都是四边形且相邻两四边形的公共边(即棱边)都互相平行。棱锥类的结构特点是底面为多边形,其余侧面都是有一公共顶点的三角形。用一个平行于棱锥底面的平面去截棱锥,即可得到棱台。

画平面立体的三视图就是要画出组成平面立体的各个平面和各条棱线的投影;然后判别其可见性,要求将可见棱线的投影画成粗实线,不可见棱线的投影画成细虚线。

示例 2-1　试绘制图 2-16a)所示正六棱柱的投影。

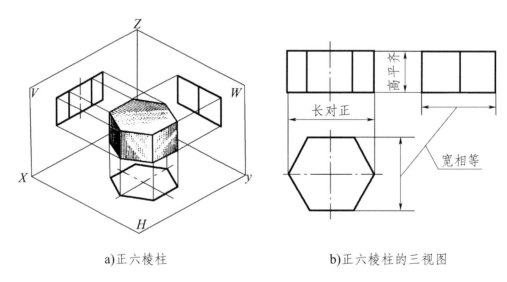

a)正六棱柱　　　　　　　　　b)正六棱柱的三视图

图 2-16　正六棱柱的投影图

绘图步骤如下:

(1)形体分析。正六棱柱上、下底面平行于 H 面,水平投影反映实形,正面和侧面投影积聚成平行于相应投影轴的直线;前、后两个棱面平行于 V 面,正面投影重合并反映实形,水平投影和侧面投影积聚成直线;其余 4 个棱面垂直于 H 面,且与 V 面和 W 面倾斜,其水平投影积聚成倾斜于投影轴的直线,V 面和 W 面投影是缩小的矩形。

(2) 作图。画正六棱柱的三视图时,应先画出 3 个视图的对称中心线作为投影图的基准线,再画出反映其形状特征的图形,然后按投影规律完成三视图绘制,如图 2-16b) 所示。

示例 2-2 试绘制图 2-17a) 所示正三棱锥的投影。

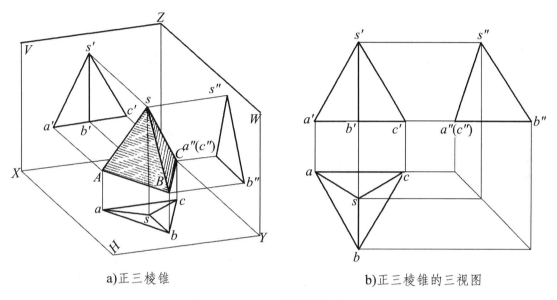

a) 正三棱锥　　　　　　　　　　b) 正三棱锥的三视图

图 2-17　正三棱锥的投影图

绘图步骤如下:

(1) 形体分析。此正三棱锥是由 3 个三角形棱面和 1 个三角形底面所围成。其底面平行于 H 面,水平投影反映实形,正面和侧面投影分别积聚成直线;左、右二棱面均与 3 个投影面倾斜,3 个投影分别为缩小的三角形;后棱面与 W 面垂直,而与 V 面和 H 面倾斜,W 面投影积聚成 1 条直线,V 面和 W 面投影为缩小的三角形。

(2) 作图。画三棱锥的视图时,应先画出反映实形的底面三角形,再画出锥顶 S 的三面投影,最后按投影规律画全三视图,如图 2-17b) 所示。

图中空间点用大写字母表示,如 A、B、C 等;其 H 面投影用相应的小写字母表示,如 a、b、c 等;V 面投影用相应小写字母在右上角加 1 撇表示,如 a'、b'、c' 等;W 面投影用相应小写字母在右上角加 2 撇表示,如 a''、b''、c'' 等。

❷ 曲面立体的投影

工程中常见的曲面立体有圆柱、圆锥、圆台、圆球等,如图 2-18 所示。曲面立体表面是光滑曲面,没有平面立体那样明显的棱线。它们的画法与曲面的形成条件有关。

a) 圆柱　　b) 圆锥　　c) 圆台　　d) 圆球

图 2-18　曲面立体

示例 2-3　试绘制图 2-19a) 所示圆柱体的投影。

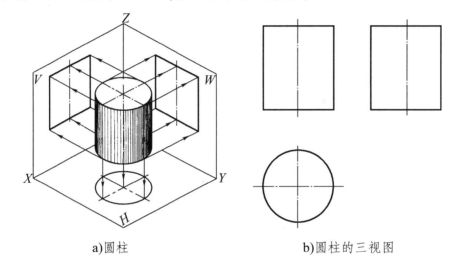

a) 圆柱　　　　　　　　b) 圆柱的三视图

图 2-19　圆柱的投影

绘图步骤如下：

(1) 形体分析。圆柱体由顶面、底面和圆柱面所围成。圆柱轴线垂直于水平面；圆柱体的上、下底面均平行于水平面，其水平投影反映实形，正面和侧面投影分别积聚成 1 条直线；圆柱面的所有表面素线均平行于轴线，故水平投影积聚成 1 个圆，另外 2 个视图均为反映外形轮廓的矩形。

(2) 作图。画圆柱体的三视图时，先画出各投影的轴线和中心线，再画圆柱体的顶面和底面在水平面上反映实形的圆，最后画出另外 2 个投影为矩形的视图，如图 2-19b) 所示。

示例 2-4　试绘制图 2-20a) 所示圆锥的投影。

绘图步骤如下：

(1) 形体分析。它是由圆锥面和垂直于轴线的底面所围成，轴线垂直水平面。圆锥的底圆平行于水平面,水平面投影为圆,正面和侧面投影积聚成平行于坐标轴的直线;圆锥面的水平投影与底圆的水平投影重合,正面和侧面投影为等腰三角形。

(2)作图。绘制圆锥体的三视图时,先画出各投影的轴线和中心线,再画圆锥体底面在水平面上反映实形的圆,以及圆锥顶点的投影,最后按投影规律完成圆锥的三视图绘制,如图 2-20b)所示。

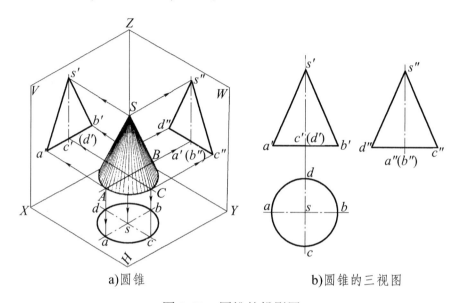

a)圆锥　　b)圆锥的三视图

图 2-20　圆锥的投影图

示例 2-5　试绘制图 2-21a)所示圆球的投影。

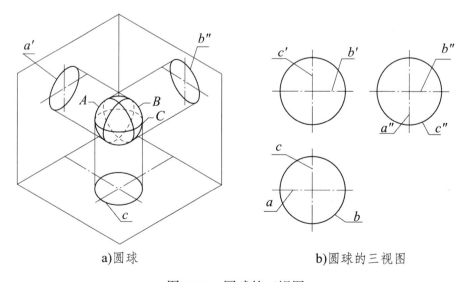

a)圆球　　b)圆球的三视图

图 2-21　圆球的三视图

绘图步骤如下：

（1）圆球的形成。圆球面可以看成是以一个半圆为母线，绕其轴线旋转360°形成的。也即圆球是由球面围成的。

（2）投影特性分析。虽然圆球的3个投影均为直径与圆球直径相同的圆，但3个投影中的圆分别是球面上平行于 V 面、H 面和 W 面的最大圆。平行于正投影面的最大圆把球分为前后两半，前半个球的正面投影为可见，后半个球的正面投影为不可见；正面投影圆 a' 是球面上平行于正面的最大圆 A，它的水平投影 a 与水平方向的中心线重合，而其侧面投影 a'' 与垂直方向的中心线重合。水平投影 b 是平行于水平面上的最大圆 B 的投影。侧面投影 c'' 是平行于侧投影面的最大圆 C 的投影。3个视图均为直径与球直径相等的圆，它们分别表示从3个不同方向得到的球的投影。

（3）作图。画圆球的三视图时，先画出各投影图中的中心线，再以相同半径画圆球的各个视图即可，如图2-21b)所示。

❸ 组合体的投影

由若干个基本形体按切割、叠加等方式组合而成的较复杂形体称为组合体。

绘制组合体的投影时，首先假想将组合体分解成若干个基本形体，然后弄清各基本形体的组合形式、相对位置及相邻两表面间的连接关系，这种方法称为形体分析法；在此基础上，逐个地画出每个基本形体的投影并加以组合，即可画出组合体的视图。

（1）切割类组合体的投影。通过形体分析，弄清形成该组合体的基本形体、被切割的部位、切割后的形状等，再确定绘图方案。一般先画基本形体的三视图，再按形体分析的次序，逐步切割，依次完成三视图。

示例 2-6 试绘制图2-22a)所示圆柱的截交线。

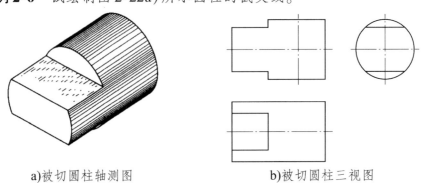

a)被切圆柱轴测图　　　　　　b)被切圆柱三视图

图 2-22　圆柱的截交线

绘图步骤如下：

①形体分析。圆柱左端上、下两表面被对称切割。水平方向被切后为平行于水平投影面的两矩形截平面，竖直方向被切后为平行于侧投影面的两圆弧截平面。

②作图。如图2-22b)所示，首先画出未切时圆柱的三视图；利用两矩形截平面在侧投影面上积聚成直线的特性，直接求出左视图上的截交线，再利用投影规律求出截平面在其他投影面的投影；利用竖直方向截平面在水平投影面上积聚成直线的特性，直接求出俯视图上的截交线，再利用投影规律求出截平面在其他投影面上的投影。

(2)叠加类组合体的投影。

示例2-7 试绘制图2-23所示轴承座的投影。

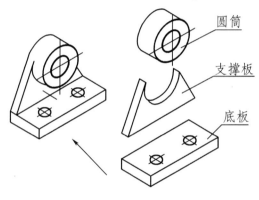

图2-23　轴承座

轴承座投影的绘图步骤如下：

①形体分析。利用形体分析法，把轴承座看成由底座、圆筒、支撑板等3部分组合而成。轴承座底板的上面为支撑板，支撑板的左、右两侧面与圆筒外表面相切。

②作图。轴承座的主视图方向以图2-23所示箭头方向为宜。主视图选定后，根据组合体结构的复杂程度再确定其他视图。绘制零件图时，应灵活运用所学知识，选取一组能正确、完整、清晰地表达零件结构形状的视图，力求看图方便、制图简便。

首先根据组合体的大小，按国家标准选定图样的比例和图纸幅面，将3个视图的位置均匀地布置在图纸内，再按图2-24所示步骤进行作图：a.画出视图中的主要对称中心线、轴线，并画出底板的三个视图，先画俯视图，再画其他视图；b.画出水平圆筒的三个视图，先画投影为圆的视图，再画其他视图；c.画出支撑板的三个视图，先画反映形状特征的主视图，再画其他视图；d.检查无误后描深图线。

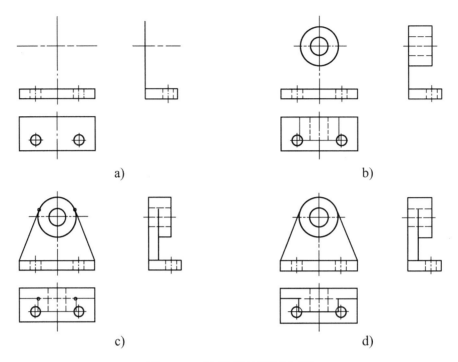

图 2-24 轴承座的画图步骤

五 零件的其他表达法

在实际生产中,机件的结构形状是复杂多样的,仅靠三视图往往难以清晰、准确反映机件的结构形状。为此,针对实际需要,需合理选用各种不同的视图、剖视图和断面图等加以表达。我国机械制图相关国家标准中已对这些表达方式作出了统一规定。

1. 剖视图

在实际生产中,很多机件的内部形状都比较复杂,视图中会出现许多细虚线。这样,细虚线和粗实线在视图上相互重叠,既影响图样的清晰,也不便于尺寸标注。为此,常采用剖视图的方法来表达机件的内部结构。

(1) 剖视图的概念。

如图 2-25 所示,假想用剖切面剖开机件后,将处于剖切平面和观察者之间的部分移去,原来看不见的孔和槽变为可见的,然后将剩余部分向投影面投影,这样图上原来的细虚线也就变成了粗实线,机件内部结构更加清晰,便于看图。这种假想用剖切平面剖开机件,将处在观察者与剖切面之间的部分移去,而将其余部分向投影面投影所得的图形称为剖视图,简称剖视。

单元二 ◦ 机械识图

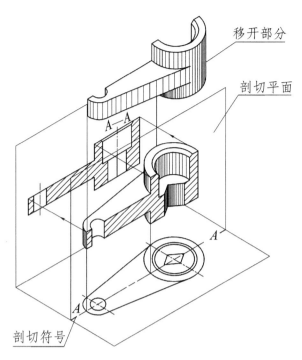

图 2-25　剖视图的概念

剖视图的画法

（2）剖视图的画法。

画剖视图时应注意如下。

①确定剖切面位置要合理。为了能反映机件内部孔、槽等结构的真实形状，剖切面通常应与投影面平行，并沿着孔、槽的对称平面或通过其轴线。

②内部可见轮廓要画全。机件剖开后，处在剖切面之后的所有可见轮廓都要画全，不得遗漏。

③剖面符号要画好。在剖视图中，凡被剖切的部分均应画上剖面符号。剖面符号不仅用来区分机件空心部分和实心部分，同时还表示机件所用材料类型。《机械制图　剖面区域的表示法》（GB/T 4457.5—2013）规定了各种材料的剖面符号。金属材料制造的机件，其剖面符号应画成与水平方向成45°的互相平行且间隔均匀的细实线。该细实线通常称为剖面线。当机件主要轮廓线与水平方向成45°时，该图形的剖面线应画成与水平方向成30°或60°的水平线。

④未剖视图应完整。由于剖视图是一种假想画法，机件并未真的被切去一部分，所以画其他视图时仍应按完整机件画出。视图或剖视图中看不见的结构，如在其他视图中已表达清楚时，其虚线可省略不画。

（3）剖视图的标注及种类。

为便于看图，一般应在视图上方用大写拉丁字母标出视图名称"×－×"，在相应视图上用剖切符号表示剖切位置,用箭头表示投影方向。当视图按投影关系配置,中间又无其他图形隔开时,可省略箭头。

常用的剖视图有全剖视图、半剖视图和局部剖视图等种类。

①全剖视图。用剖切面把机件全部剖开后所得的剖视图称为全剖视图。全剖视图可用于表达内部结构复杂、外形比较简单的机件。图2-26所示为全剖视图。

②半剖视图。当机件具有对称平面(或接近对称),在垂直于对称平面的投影面上投影时,以对称中心线(细点画线)为界,一半画成视图用以表达机件外部的结构,另一半画成剖视图用以表达机件内部结构,这样组合的图形称为半剖视图,如图2-27所示。

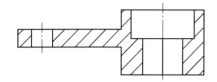
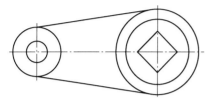

图2-26 全剖视图

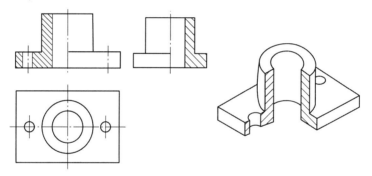

图2-27 半剖视图

半剖视图

③局部剖视图。当机件尚有部分内部结构形状未表达清楚,但又没有必要做全剖视图或不适合做半剖视图时,用剖切面局部剖开机件所得的视图称为局部剖视图,如图2-28所示。局部剖切后,机件断裂处的轮廓线用波浪线表示,波浪线不能用轮廓线代替或与图样上其他图线重合。局部剖切范围的大小由机件的具体结构而定。

局部剖视比较灵活,如运用恰当,可使图形简明清晰。但在一个视图中,局部剖切的数量不宜过多,否则会使图形过于零碎。

❷ 断面图

断面图是指假想用剖切平面将机件的某处切断,仅画出断面的图形。断面图主要用来表达机件某部分断面的结构形状。断面图分为移出断面图(图2-29a)和重合断面图(图2-30、图2-31)两类。

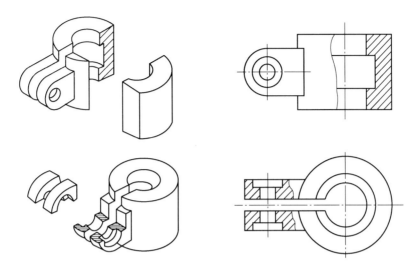

图 2-28 局部剖视图

（1）移出断面图。画在视图外面的断面图称为移出断面图。移出断面图的轮廓线用粗实线绘制，图形尽量配置在剖切符号的延长线上；必要时可以将移出断面图配置在其他适当位置，此时一般应在相应的视图上用剖切符号（用粗短画线表示）标明剖切位置，用箭头指明投影方向，并注上大写字母，在断面图的上方用相同的大写字母标出相应名称"×—×"。当移出断面图的剖切平面通过回转面形成的孔、凹坑的轴线，或当剖切平面通过非圆孔，导致出现完全分离的断面时，这些结构应按剖视图绘制，如图 2-29a)中右端的销孔。

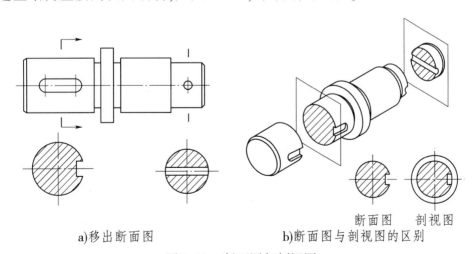

a) 移出断面图　　　　b) 断面图与剖视图的区别

图 2-29 断面图与剖视图

断面图与剖视图是两种不同的画法。断面图只画出断面的形状，而剖视图除了画出断面形状外，还须将断面后的所有可见轮廓线都要画出，如图 2-29b)所示。

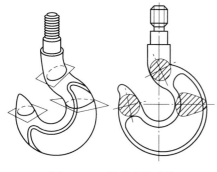

图 2-30　吊钩断面图

(2)重合断面图。画在视图轮廓线之内的断面图称为重合断面图,吊钩断面图如图 2-30 所示,角型钢的移出断面图如图 2-31 所示。重合断面图的图形须画在视图之内,断面轮廓线用细实线绘制。当视图中的轮廓线与重合断面的图形重叠时,视图中的轮廓线仍应连续画出,不可中断。当图形不对称时,还需用箭头标明其投影方向,如图 2-31 所示。

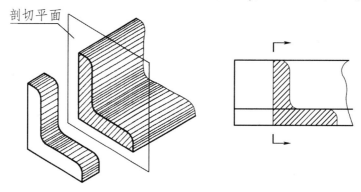

图 2-31　角型钢的移出断面图

课题二　零　件　图

一　零件图概述

表达单个零件的图样称为零件图。在制造机器零件时,零件图是生产和检验零件的依据,是设计和指导生产的重要技术文件。

如图 2-32 所示,一张完整的零件图应包括以下四个方面的内容。

(1)一组视图。根据零件结构特点,选用必要的视图、剖视图、断面图及其他表达方法,清楚地表达零件各部分形状和结构。

(2)齐全的尺寸。正确、齐全、合理地标注零件在制造和检验时所需要的全部尺寸。

(3)技术要求。用相关国家标准规定的符号、标记和文字说明的方式,提出零件在制造或检验中应达到的要求。零件图上的技术要求包括尺寸公差与配合、形状与位置公差、表面粗糙度、热处理等。

(4)标题栏。零件图的标题栏画在图框的右下角,包括零件的名称、材料、数量、比例、图样的编号、设计单位及绘图、审核者的姓名和日期等内容。

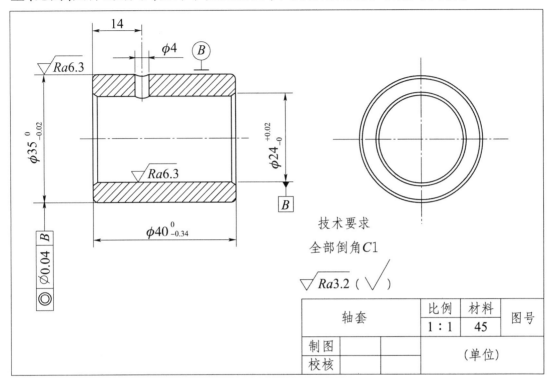

图 2-32　轴套零件图

二　零件图的识读方法

❶ 读零件图的基本要求

(1)了解零件的名称、材料、数量和用途等。

(2)了解零件的尺寸标注、制造方法和技术要求。

(3)想象零件各部分结构形状、相对位置;了解主要结构的特点和功用。

❷ 读零件图的方法和步骤

(1)看标题栏。从标题栏中了解零件的名称,大体了解零件的功用和形状;从制造该零件的材料可想到零件制造时的工艺要求;从图的比例和图形大小可以估计零件的实际大小等。

(2)分析零件的表达方案。首先根据视图布置确定主视图,然后围绕主视图分析其他视图的配置。对于剖视图、断面图要找确定其位置及投影方向;对于局部视图和局部放大图要找到投影方向及部位,弄清楚各个视图彼此间的投影关系。

(3)形体分析。利用形体分析法将零件分解成几部分,在各视图上找出各部分的特征视图,再运用视图间的投影关系想象出零件的整体形状。在分析过程中可先想象出粗略轮廓,然后分析细节形状。

(4)尺寸分析。一方面从分析标注尺寸的起点找出尺寸基准;另一方面结合尺寸公差和表面粗糙度要求,找出功能尺寸及确定加工方法和要求。

(5)综合考虑。综上所述,将零件的结构形状、尺寸标注及技术要求综合起来,就能较全面地阅读这张零件图。在实际识图过程中,上述步骤常常穿插进行。

三 识读零件图的技术要求

零件图上标注和说明的技术要求主要有:极限与配合、形位公差、表面粗糙度和热处理项目等。凡相关国家标准已规定了相应代号或符号的,则直接标注在视图上;无规定代号的,则以"技术要求"为标题,在标题栏附近用文字逐条说明。

❶ 极限与配合的基本知识

尺寸公差及有关概念如下。

(1)公称尺寸。它是指设计给定的尺寸。

(2)极限尺寸。它是指允许尺寸变化的两个极限值。两个极限尺寸中,较大的一个称为上极限尺寸,较小的一个称为下极限尺寸。

(3)上极限偏差。它是指上极限尺寸减其公称尺寸所得的代数差,孔的上极限偏差代号用"ES"表示、轴的上极限偏差代号用"es"表示。

(4)下极限偏差。它是指下极限尺寸减去其公称尺寸所得的代数差,孔的下极限偏差代号用"EI"表示、轴的下极限偏差代号用"ei"表示。

(5)尺寸公差(简称公差)。它是指允许尺寸的变动量。即为上极限尺寸与下极限尺寸之差,或上极限偏差与下极限偏差之差。

(6)标准公差。为实现互换性及现代化生产,国家标准对公差进行了标准化,即标准公差。相关国家标准中将标准公差分为20个等级,用符号"IT+数字"表示,即:IT01、IT0、IT1、IT2…IT18,随着数值增大,公差等级和尺寸精度则下降。标准公差等级数值可从相关技术标准中查得。

(7)公差带图。以公称尺寸为零线,用适当比例画出两极限偏差或两极限尺寸,以表示尺寸允许的变动界限及范围,称为公差带图,如图2-33所示。

(8)基本偏差。它用来确定公差带相对于零线位置的上偏差或下偏差,在公差带图中,靠近零线的偏差称为基本偏差。

(9)配合。公称尺寸相同的、相互结合的孔和轴公差带之间的关系称为配合。

孔和轴装配时,按其配合松、紧程度,分为间隙配合、过渡配合和过盈配合 3 种。

孔的实际尺寸总比轴的实际尺寸大,装配后保证具有间隙的配合称为间隙配合;孔的实际尺寸总比轴的实际尺寸小,装配时需要一定的外力才能将轴装入孔中的配合称为过盈配合;轴的实际尺寸比孔的尺寸有时小、有时大,装配后可能具有间隙,也可能具有过盈的配合称为过渡配合。

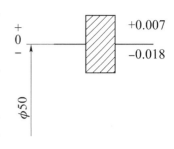

图 2-33 公差带图

示例 2-8 已知孔 $\phi 50^{+0.007}_{-0.018}$ mm,试计算极限尺寸,上、下极限偏差,基本偏差和公差;并绘制公差带图。

解:上极限偏差 = +0.007mm;下极限偏差 = -0.018mm;公称尺寸 = 50mm

公差 = 上极限偏差 - 下极限偏差 = (+0.007) - (-0.018) = 0.025(mm)

上极限尺寸 = 公称尺寸 + 上极限偏差 = 50 + (+0.007) = 50.007(mm)

下极限尺寸 = 公称尺寸 + 下极限偏差 = 50 + (-0.018) = 49.982(mm)

基本偏差 = +0.007mm

2 形状与位置公差

形状与位置公差简称形位公差。零件要实现互换性,不仅尺寸精度需达到要求,而且其形状和位置也须达到精度要求。

形状公差是指零件要素(点、线、面)的实际形状相对理想形状的允许变动量。位置公差是指零件要素(点、线、面)的实际位置对理想位置的允许变动量。

(1)形位公差项目和符号。形位公差项目和符号见表 2-4。

形位公差的特征项目及符号 表 2-4

公差		特征项目	符号	基准要求
形状	形状	直线度	—	无
		平面度	▱	无
		圆度	○	无
		圆柱度	⌭	无

续上表

公差		特征项目	符号	基准要求
形状或位置公差	轮廓	线轮廓度	⌒	有或无
		面轮廓度	⌓	有或无
位置公差	定向	平行度	∥	有
		垂直度	⊥	有
		倾斜度	∠	有
	定位	位置度	⊕	有或无
		同轴(同心)度	◎	有
		对称度	≡	有
	跳动	圆跳动	↗	有
		全跳动	↗↗	有

(2)形位公差的标注。图样上标注形位公差时,应有形位公差框格、被测要素和基准要素(指位置公差)及带箭头的指引线。

①公差框格。公差框格用细实线绘制。框格自左至右,依次填写形位公差项目符号、公差数值和基准代号,框格一端与指引线相连,指引线箭头指向被测要素。

②被测要素表示法。当被测要素为轮廓要素时,箭头指向要素的轮廓线或其延长线上,但须与尺寸线错开。当被测要素为中心要素时,箭头应对准尺寸线。

③基准要素标注。基准要素用大写字母水平标注在基准方格内,与一个涂黑或空白的三角形相连,以表示基准,如图2-34所示。当基准要素为两要素组成的公共基准时,用横线隔开两大写字母。

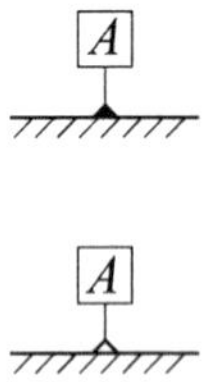

图2-34 基准代号

④形位公差标注与识读。如图2-35所示为气门挺柱的形位公差标注,图中标注的各形位公差代号含义见表2-5。

❸ 表面结构的图样表达

零件无论采用何种加工方法,其表面都不是绝对平整和光滑的,在显微镜下看到的是微小的凹凸不平的形貌。零件表面的几何形貌称为零件表面结构,它包括零件的表面粗糙度、表面波纹度、表面缺陷、表面几何形状等参数,其中,表面粗糙度是评定表面结构最主要的参数,本书只介绍表面粗糙度。表面粗糙度是指加工表面所具有的较小间距和微小峰谷的一种微观几何形状误差,如图 2-36 所示。

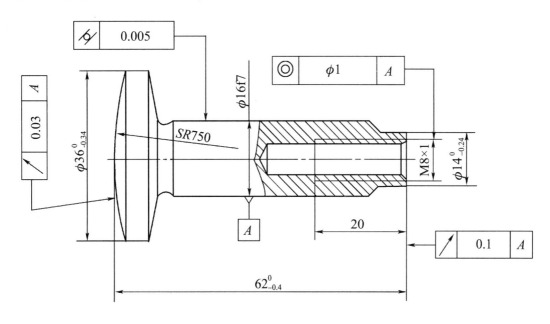

图 2-35　气门挺柱的形位公差标注示例

形位公差综合标注示例说明　　　　　　　　　　　表 2-5

形位公差项目内容	说明
⌭ 0.005	$\phi16f7$ 的外圆柱面的圆柱度公差为 $0.005mm$
↗ $\phi0.1$ A	$\phi14^{0}_{-0.24}$ 端面对基准 $A(\phi16f$ 轴线)的端面圆跳动公差为 $0.1mm$
◎ $\phi0.01$ A	$M8\times1$ 的轴线对基准 $A(\phi16f7$ 轴线)同轴度公差为 $0.1mm$
↗ $\phi0.03$ A	$SR750$ 的球面对基准 $A(\phi16f7$ 轴线)的圆跳动公差为 $0.03mm$

(1) 表面粗糙度的主要评定参数。

表面粗糙度的主要评定参数有轮廓算术平均偏差 Ra 和轮廓最大高度 Rz。

①轮廓算术平均偏差 Ra。轮廓的算术平均偏差 Ra,单位为 μm。它是指取样长度内,被测轮廓线上各点到基准线的距离的算术平均偏差 y_i,如图 2-37 所示。Ra 数值的大小直接体现零件表面粗糙程度。Ra 数值越大,零件表面越粗糙;Ra 数值越小,零件表面越平整。

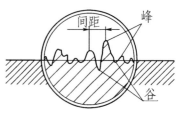

图 2-36　表面粗糙度的概念

②轮廓最大高度 Rz。它是指在取样长度内,轮廓峰顶线和轮廓谷底线之间的距离。

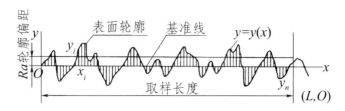

图 2-37 表面粗糙度的主要评定参数

(2)表面结构表达的基本图形符号。

国家标准《产品几何技术规范(GPS)技术产品文件中表面结构和表示法》(GB/T 131—2006)规定了零件表面结构表达的基本图形符号、代号及在图样上的标注方法。表面结构表达的基本图形符号及意义见表 2-6。

表面结构的基本图形符号、示例及说明　　　　表 2-6

符号	意义及说明	示例	意义及说明
√	基本图形符号,表示允许任何工艺获得的表面	√$Ra6.3$	表示用去除材料的方法获得的表面结构,Ra 的上限值为 $6.3\mu m$
√	扩展图形符号,表示用不去除材料的方法获得的表面,如铸、锻、冲压变形、冷轧等;或表示保持上道工序形成的表面	√$Ra12.5$	表示用不去除材料的方法获得的表面结构,Ra 的上限值为 $12.5\mu m$
√	扩展图形符号,表示用去除材料的方法获得的表面,如车、铣、磨、钻、抛光等	√$Ra6.3$ $Ra1.6$	表示用去除材料的方法获得的表面结构,Ra 的上限值为 $6.3\mu m$,Rz 上限值为 $1.6\mu m$

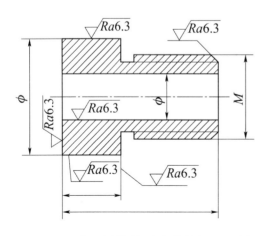

图 2-38 表面结构的图形代号标注示例

(3)表面结构的图形代号标注。

表面结构的图形代号应标注在可见轮廓线、尺寸界线、引出线或它们的延长线上,符号的尖端必须从材料外部指向材料表面;在同一图样上每个表面的表面结构图形代号只标一次,不得重复;当零件中有许多表面具有相同的表面结构要求,则对该表面结构可统一标在图形附近或标题栏上方。表面结构的图形代号标注方法如图 2-38 所示。

四 典型汽车零件图的识读

识读零件图是技术工人必备的一项基本技能。下面以活塞零件图(图2-39)为例,来说明识读零件图的一般步骤。

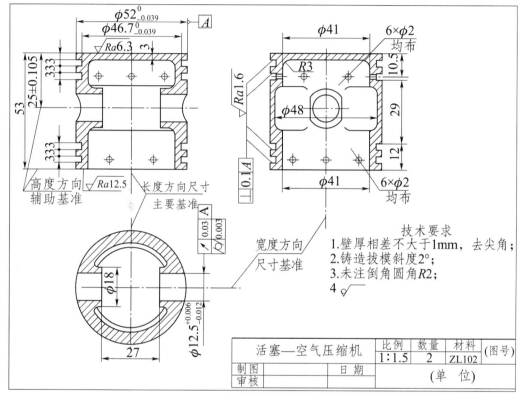

图2-39 活塞零件图

(1)看标题栏。可知零件为活塞,它是一个用于压缩空气的零件;由于零件材料是ZL102铸造铝合金,从而可以想到零件中必然会有诸如铸造圆角、铸造壁厚均匀等铸造工艺结构。比例为1:1.5,表明零件的大小是图样的1.5倍。

(2)分析零件的表达方案。用3个全剖的基本视图来表达该零件。主视图按工作位置放置,表达活塞外部尺寸和内部结构;其他两个视图主要表达活塞内部结构和尺寸。主、左视图的剖切平面均处于零件的对称中心平面上,而俯视图的剖切平面是通过活塞销座孔轴线来剖切的。

(3)分析形体。3个视图均采用了全剖视图,清楚表明活塞的外形是圆柱体,内腔是阶梯圆柱形空腔,并铸有2个活塞销座。活塞上下开有4个活塞环槽,在第二、四道环槽内各钻回油孔6个,并互错30°。

(4)分析尺寸。高度方向尺寸基准是活塞上顶面,辅助基准是销孔的轴线和下

底面;长度方向的基准是通过活塞轴线并垂直于销孔轴线的中心平面;宽度方向的基准是通过销孔轴线并与中心平面垂直的平面。活塞总体尺寸为 $\phi 52\mathrm{mm} \times 53\mathrm{mm}$。

(5)看技术要求。从图中可知道零件表面粗糙度的要求,极限与配合、形位公差及制造、检验等方面的要求。

(6)归纳总结。把图形、尺寸和技术要求等系统地联系起来进行综合分析,从而得到零件的完整情况。

课题三 装 配 图

一 装配图概述

1 装配图的概念

一台机器或部件,都是由许多零件、部件按一定关系装配而成的。这种表达机器或部件各组成零件之间的连接或装配关系的图样,称为装配图。

2 装配图的内容

一张完整的装配图,主要包括以下 5 个方面的内容。

(1)一组视图。运用一组视图,完整、清晰地表达出机器或部件的工作原理、装配关系、连接方式、相对位置、传动路线、机器的结构和性能等。

(2)必要的尺寸。装配图的尺寸标注目的不同于零件图,它不是制造零件的直接依据,不需要注出每个零件的全部尺寸,而只要求注出表达机器或部件的性能、检验、装配、安装、包装运输等时所需的尺寸。

(3)技术要求。用文字或符号说明机器或部件在装配、调试、检验及安装、使用等方面的要求。

(4)标题栏。标题栏中填写零件的名称、材料、数量、比例、图样的编号、设计单位及绘图、审核者的姓名和日期等内容。各厂矿企业有时也有各自的标题栏、明细栏格式。

(5)零件的序号、明细栏。为便于看图和生产管理,装配图中的零件都必须编写序号,并在标题栏上方编制出相应的明细栏。明细栏中要填写零件序号、名称、材料、数量以及标准件的规格尺寸等。

3 装配图上的一些规定画法

在装配图的表达方法中,同样需要零件图表达中所用到的诸如视图、剖视图、断面图等方法,但为了恰当表达机器或部件的工作原理和装配关系,还需要有一些规定画法。

(1) 相邻两零件的接触面或配合面,规定只画 1 条线,但如果相邻两零件的公称尺寸不相同,即使间隙很小,也必须画成 2 条线。图 2-40 所示为接触面或配合面的画法。

(2) 在剖视图中相邻两零件的剖面线应有所区别,可通过剖面线方向相反或方向一致而间距不相等的方式加以区别,同一零件在各个视图上的剖面线方向和间隔应一致。装配图中剖面线的画法,如图 2-41 所示。

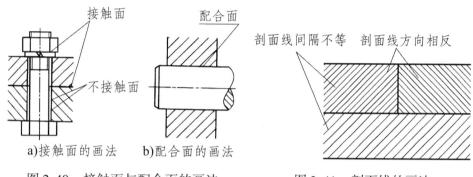

图 2-40　接触面与配合面的画法　　图 2-41　剖面线的画法

(3) 当剖切平面通过标准件或实心零件的轴线时,这些零件不画剖面线,如螺栓等紧固件、轴、手柄、键、销等零件。如需表达零件的凹槽、键槽、销孔等结构时,可用局部剖视表示。

(4) 零件上的某些工艺结构,如倒角、退刀槽、圆角等可省略不画;螺栓头部、螺母允许按简化画法绘制,如图 2-40a) 所示为螺栓的简化画法。

二　装配图的识读方法

在机器设备的设计、制造、装配、使用、维修中,经常需通过看装配图来分析机器及部件的工作原理、性能和结构特点。下面以图 2-42 所示活塞连杆总成的装配图为例,来说明装配图识图的步骤和方法。

1 概括了解

首先从标题栏、明细栏和产品说明书中概括了解部件的作用,零件数量、名称、位置、材料,视图数量,了解各零件之间的大体装配关系。从图 2-42 中可知部件名称为"活塞连杆总成",从明细栏中可知该部件共由 14 种零件组成,以及这些零件的名称、规格等。

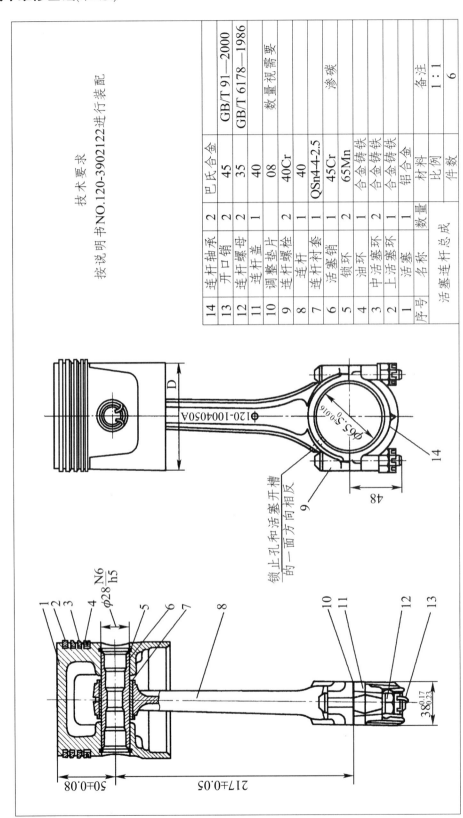

图 2-42 汽车活塞连杆总成的装配图

❷ 分析工作原理及装配关系

在概括了解的基础上，分析部件的工作原理和各零件的装配关系。

该部件的工作原理是可燃混合气产生的气压力推动活塞做直线运动，经曲柄连杆机构将活塞的直线运动转化为曲轴的旋转运动。

各零件的装配关系是：上活塞环、中活塞环、油环，按自上而下的顺序安装在活塞上部槽内；活塞销两端与活塞的销孔相配合，并在活塞销的两端装有锁环；连杆衬套安装在活塞销中部与连杆的小头相配合；连杆盖与连杆的大头之间有调整垫片；连杆盖与连杆形成的内孔，内装有连杆轴瓦，并用连杆螺栓和连杆螺母连接，采用开口销锁定。如图 2-43 所示为活塞连杆总成结构轴测图。

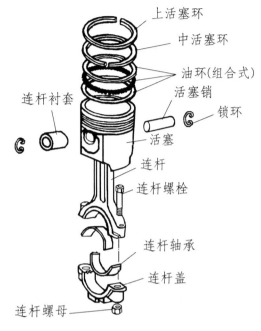

图 2-43　汽车活塞连杆总成轴测图

❸ 分析视图表达方法

装配图中的主视图应以机器或部件的工作位置，以及最能表达重要零件结构和各零件间的装配关系、工作原理等为选择的原则。从图中可知，该装配图采用 2 个基本视图来表达该部件。主视图采用局部剖视图，主要用来表达活塞、活塞销、连杆及连杆瓦之间的装配关系；左视图显示整个部件的外形突出了连杆杆身和连杆大端的形状，也表达了连杆大端的连接情况。

❹ 归纳总结

在以上分析的基础上，再分析技术要求和尺寸，并把部件的性能、结构、装配、操作和维修等几个方面联系起来研究，归纳总结其结构特点、拆装顺序等，加深对活塞连杆总成的全面认识。

单元小结

（1）三视图是指主视图、俯视图和左视图。绘制三视图时，应满足"主、俯视图长对正，主、左视图高平齐，俯、左视图宽相等"的投影规律。

（2）剖视图主要用来表达零件的内部形状。常用剖视图有全剖视图、半剖视图和局部剖视图等。

(3) 识读零件图的步骤：

①看标题栏；

②分析零件的表达方案；

③形体分析；

④尺寸分析；

⑤综合考虑。

(4) 装配图的内容包括一组视图、必要的尺寸、技术要求、标题栏、零件序号和明细栏。

技能训练

(1) 制图工具认识及使用。

(2) 零件图识读训练。

思考与练习

(一) 填空题

1. 投射线通过物体向预定的平面投射，并在该平面上得到图形的方法，称为_____，该预定平面称为_____。

2. 投射线汇交于一点的投影法称为_____，投射线互相平行的投影法称为_____。机械制图采用的是_____投影法。

3. 三视图是指_____、_____、_____，它必须符合主俯视图_____、主左视图_____和左俯视图_____的投影规律。

4. 常用剖视图有_____、_____和_____等。

5. 一张完整的装配图，主要包括_____、_____、_____和_____ 4个方面的内容。

(二) 尺寸标注（找出左图中尺寸标注的错误，并在右图上进行正确标注）

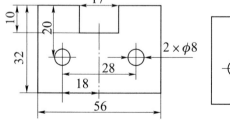 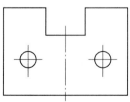

(三) 作图题

1. 根据给出的视图,补画第三视图或视图中所缺的图线。

(1)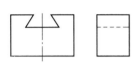

(2)

(3)
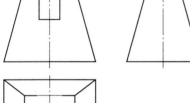

(4)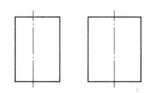

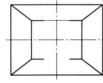

2. 试画出下图所示组合体的三视图。

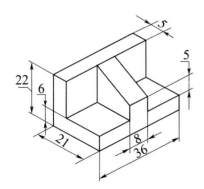

3. 将下列机件的主视图改画为适当的剖视图。

(1)

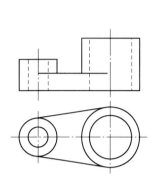

(2)

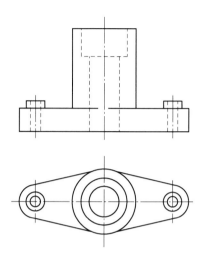

4. 试画出下图指定位置的移出断面图(键槽深4mm,右端为通孔)。

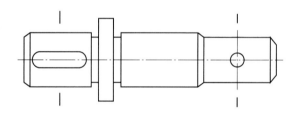

(四)识读零件图练习

根据下图所示零件图,问答下列问题:

(1)想象该零件的立体形状。

(2)该零件的名称是_____,材料为_____,比例为_____。

(3)该零件采用了_____作为基本视图,该视图采用了_____表达方式。

(4)试解释下列代号含义:

①$\phi 28_{-0.01}^{0}$mm 的含义。

② ⌀ 0.0025

③ $\sqrt{Ra\ 12.5}$

④15Cr。

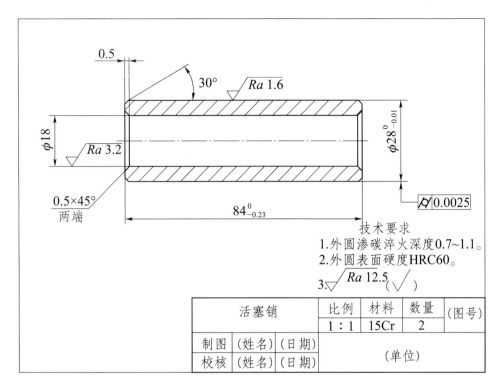

单元三 钳工基础

学习目标

知识目标

1. 了解钳工的分类及基本工作要求；
2. 掌握钳工安全文明生产的基本要求；
3. 了解钳工常用设备的作用、结构。

技能目标

1. 能正确使用常用钳工设备；
2. 能完成划线、锤击、锉削、锯削、錾削、孔加工、螺纹加工及研磨等钳工基本操作。

素养目标

1. 培养吃苦耐劳的品质；
2. 养成团队协作，爱岗敬业的意识。

 建议完成本单元的课时为 **10** 课时。

课题一 认 识 钳 工

钳工是以手工工具为主，大多数是在台虎钳及其他附属设备上，按照一定的技术要求对工件进行加工、修整，对部件、机器进行装配、调试和对各类机械设备进行维护、检修的工种。随着科学技术的迅速发展，钳工工作已逐渐被机械所代替，但钳工作为机械加工中一种必不可少的工种仍具有相当重要的地位。在汽车维修过程中，对一些丧失使用功能的零件进行恢复性修理仍离不开钳工操作。

钳工操作主要包括划线、锯削、锉削、錾削、钻孔、扩孔、铰孔、攻螺纹、套螺纹和研磨等。

一 钳工的分类及特点

钳工是一门有着悠久历史的手工技术,其特点是手工操作多、使用的工具简单、灵活性强、适应面广;但钳工操作的劳动强度大、生产效率低、对操作者技术水平要求较高且操作者本身的技能水平将直接影响工作质量。

按照我国职业标准,钳工分为装配钳工、机修钳工和工具钳工3大类。装配钳工也称普通钳工,它主要是使用钳工工具和钻床,按技术要求对工件进行加工,对机器进行装配、调整的工种。机修钳工是使用钳工工具、量具及辅助设备,从事机器设备的安装、调试和维修的工种。工具钳工是使用钳工工具及辅助设备,对工具、量具、模具等进行制造、装配、检验和修理的工种。

二 钳工工作场地

钳工工作场地是指钳工实际操作的场所。为提高生产效率和产品质量,应合理安排好工作场地。钳工工作场地有如下要求。

(1)合理布置主要设备。钳工工作台是钳工工作的最主要场所,应安放在光线适宜、工作方便的地方,面对面使用的钳工工作台应在中间装上安全网,钳工工作台间距要适当;砂轮机、钻床应安装在场地的边沿,尤其是砂轮机一定要放在安全可靠的地方,必要时可建立单独的砂轮机房。

(2)毛坯和工件摆放要整齐,并尽可能放在工件架上以便于工作。

(3)工具、量具、夹具摆放要有序,以防任意堆放受损;使用后要及时清理、维护并妥善存放。

(4)工作场地应保持整洁,及时清扫干净,铁屑等污物要送往指定堆放点,做到文明生产。

三 钳工安全文明生产

坚持安全文明生产是保障人身和设备安全,防止事故发生的前提,也是提高产品质量和生产效率的重要保证。为此,在钳工教学和生产过程中必须遵守以下规程。

(1)工作前必须穿戴好防护用品,尤其是上衣袖口和下摆要扎紧,女同志要戴好工作帽。

（2）检查所用工具、设备是否完好、可靠，发现损坏应及时上报修理；熟悉所用工具、设备的安全操作规程，并能在操作中严格遵守。

（3）工作时，量具不能与其他工具或工件混放在一起，各种量具不要互相叠放，应放在量具盒内或专用架上。

（4）工作的设备及其他电动工具，若发生电路故障，禁止自行拆卸，应请专业电工修理。

（5）开启设备前必须检查防护装置及油、电、气等开关是否完好，并在空载试车检查正常后方可投入使用，严禁擅自开启无关的机器设备。

（6）操作旋转设备如机床、钻床等，严禁戴手套；不能用手捏工件进行钻、铰、锪孔等操作，以防刮伤手。

（7）工作中注意周围人员及自身安全，防止因挥动工具时工具脱落、铁屑飞溅等造成人身伤害；2人以上工作时要注意协调配合。

（8）使用砂轮机时，要戴好防护眼镜；清除切屑时要用钢丝刷，不要直接用手清除或用嘴吹；安装、更换刀具或工件时应先等机器完全停止运转后方可进行。

课题二　钳工常用设备

钳工常用设备有钳工工作台、台虎钳、砂轮机和钻床等。

一　钳工工作台

钳工工作台也称钳台，如图3-1所示。它是用来安装台虎钳、放置工具和量具，以及在台虎钳上进行手工加工等的工作台，多用木材制成，其长度和宽度可随工作需要而定，高度一般为800～900mm。按钳工工作台上安装的台虎钳数量，分为单人操作钳工工作台、双人操作钳工工作台和多人操作钳工工作台。

二　台虎钳

台虎钳又称台钳。它是用来夹持工件的一种通用夹具，一般安装在钳工工作台上，用以完成如锯、锉、錾及零件的装配和拆卸等工作。台虎钳分为回转式和固定式两种类型，其规格按钳口的宽度分为100mm、125mm及150mm等。

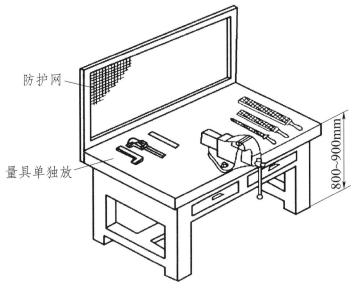

图 3-1　钳工工作台

❶ 台虎钳的结构和原理

台虎钳主要由活动钳身、固定钳身、底座、螺母、丝杆、手柄等部分组成。台虎钳按固定钳身与底座间能否旋转,又可分为固定式和旋转式两种。

图 3-2 所示为旋转式台虎钳的结构,它由活动钳身安装在固定钳身上,固定钳身再与底座连接,底座通过螺栓固定在钳工工作台上。

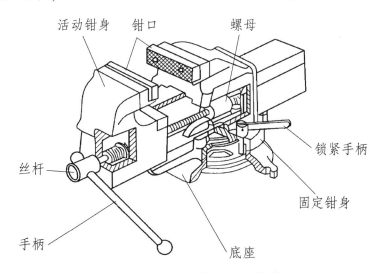

图 3-2　旋转式台虎钳的结构

台虎钳工作时,通过转动手柄带动丝杆转动,利用螺母将丝杆的转动转变为活动钳身的直线运动,使活动钳身相对固定钳身产生左右移动而使钳口张开或合拢,以实现台虎钳对工件的夹紧与放松。对于旋转式台虎钳,当钳口旋转到合适的位置时,须转动锁紧手柄来锁定台虎钳位置。

❷ 台虎钳使用注意事项

(1)夹紧工件时要松紧适当,只能用手扳紧手柄,不得借助其他工具加力。夹紧力过大,会损伤丝杆、钳身,夹坏工件。为防夹伤工件表面,可在工件和钳口之间垫上比工件更软的物件(如铜片)以保护工件。

(2)不能在活动钳身的光滑平面上做敲击作业,以防损坏活动钳身与固定钳身之间的配合情况。

(3)进行强力作业时,应使作用力朝向固定钳身方向,以防损坏螺纹。

(4)对丝杆、螺母等活动表面应经常清洗、润滑,以防生锈。

三 砂轮机

❶ 砂轮机的结构

砂轮机(图3-3)是用来刃磨各种刀具、工具,也可用来磨削工件、清理工件毛刺、棱边等的常用设备。其结构主要由基座、砂轮、电动机或其他动力源、托架、防护罩等组成。砂轮安装于基座的端面,电动机安装在基座内部,动力经由减速器、传动轴输送给砂轮。

图3-3 砂轮机

❷ 砂轮机安全操作规程

由于砂轮较脆、转速很高,使用时应严格遵守以下安全操作规程。

(1)砂轮机的旋转方向要正确,只能使磨屑向下飞离砂轮。

(2)砂轮机起动后,应在砂轮机旋转平稳后再进行磨削。若砂轮跳动明显,应及时停机修整。

(3)砂轮机托架和砂轮之间应保持约3mm的距离,以防因间隙过大使工件扎入托架和砂轮之间而造成事故。

(4)磨削时应戴好防护眼镜,人站在砂轮机的侧面,且用力不宜过大。不准两人同时在一块砂轮上进行磨削操作。如磨削时间较长时,则应及时对工件进行冷却。

(5)根据砂轮使用说明书,选择与砂轮机主轴转数相符合的砂轮。安装前如发现砂轮外观有裂缝等缺陷时,不得使用。

(6)严禁用硬的东西锤敲砂轮,以防砂轮受击碎裂。初磨时不能用力过猛,以免砂轮受力不均而发生事故。

(7)不得磨削紫铜、铅、木头等较软的东西,以防砂轮嵌塞。

四 钻床

钻床是一种常用的孔加工设备。钳工常用的钻床按其结构和适用范围不同,分为台式钻床、立式钻床。

1 台式钻床

(1)台式钻床的结构。台式钻床简称台钻,一般用来钻削直径在 φ13mm 以下的圆孔。它主要由工作台、底座、立柱、主轴、进给手柄、锁紧手柄、电动机及皮带罩等几部分组成,如图3-4所示。

(2)台式钻床的工作原理。台式钻床是主轴垂直布置的小型钻床,其主轴的转速变化是通过改变V形带在塔形带轮上的位置来实现。电动机经塔轮与V

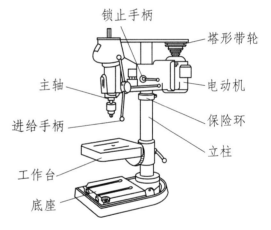

图3-4 台式钻床

形带驱动主轴旋转,固定在主轴上的钻头随着主轴旋转;工件装夹在工作台上;操作者操作手柄旋转驱使主轴向下进给,从而完成孔的加工。主轴箱与工作台均可沿立柱作上下升降运动;工作台除了可绕立柱回转360°外,也可以左右倾斜一定角度,以便用来钻斜孔。台钻灵活性较大,使用方便,生产效率高,因而是零件加工、装配和修理工作中常用的设备之一;但由于构造简单,变速部分直接用带轮变速;最低转速较高(>400r/min),对有些特殊材料或工艺需用低速加工的场合不适用,如不适合锪孔和铰孔的加工。

2 立式钻床

立式钻床简称立钻。它主要用于中、小型工件上的钻孔。按其所能钻削的最大孔径,钻床分为有25mm、35mm、40mm和50mm等几种规格。立式钻床主要由主轴变速箱、电动机、进给变速箱、立柱、工作台、冷却系统和底座等组成,立式钻床的结构如图3-5所示。

立式钻床的结构比较完善,它是利用齿轮传动机构进行传动,功率较大,能获得较高的生产效率和加工精度,因而可用于钻孔、扩孔、锪孔、铰孔及螺纹加工等作业。

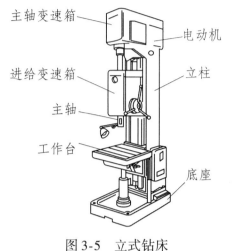

图3-5 立式钻床

❸ 钻床安全操作主要规程

(1)在进行钻削加工时,要将工件装夹牢固,孔即将钻穿时要尽量减小进给量。

(2)严禁戴手套操作,以防工件飞脱或手套被钻头卷绕而造成人身事故。

(3)立钻使用前必须先空转试车,在机床各机构都能正常工作时才可操作;开钻前应检查钻夹头是否拔出。

(4)钻通孔时必须使钻头能通过工作台面上的让刀孔,或在工件下面垫上垫铁,以免钻坏工作台面。

(5)检验工件或变换主轴转速时,必须停机后进行;严禁在开车状态下装拆工件。

(6)在使用过程中,工作台面必须保持清洁。下班时必须将钻床外露滑动面及工作台面擦净,并对各滑动面及各注油孔眼加注润滑油。

❹ 手电钻

在装配和修理工作中,经常会遇到在大的工件或在工件某些特殊位置上钻孔,如用台式钻床或立式钻床就很难进行钻孔操作,此时如用手电钻就比较容易完成。常用的手电钻有手枪式电钻和手提式电钻两种,如图3-6所示。

a)手枪式电钻　　b)手提式电钻

图3-6 手电钻

课题三　钳工基本操作

一　划线

划线是钳工的基本技能之一。它是确定工件加工余量,明确尺寸界线的重要方法。

1　划线概述

划线是指在毛坯或工件上,用划线工具划出待加工部位的轮廓或作为基准的点、线位置的操作方法。划线前,首先将毛坯件上的氧化铁皮、残留污垢及已加工工件表面的毛刺、切屑等清除干净,然后涂色。如果是铸铁和锻压毛坯表面,则可涂石灰水;如果已加工的表面,则涂蓝油(精密工件表面涂硫酸铜)。如上所述可使划出的线条明显清晰。然后进行划线。划线方法分为平面划线和立体划线两种。

(1)平面划线。只需在工件一个表面上划线就能明确表示工件加工界线的称平面划线,例如在板料表面划线,如图 3-7a)所示。平面划线又分为几何划线和样板划线两种。几何划线是根据图纸要求,直接在毛坯或工件上划出加工界线的方法;它适用于小批量、较高精度要求的场合。样板划线是指根据工件形状和尺寸要求,将加工成形的样板放在毛坯适当位置上划出加工界线的方法;它适用于形状复杂、批量大、精度要求一般的场合。样板划线相比几何划线,具有生产效率高、排料合理等特点。

(2)立体划线。同时在几个工件表面上进行的划线(即工件的三维坐标体系内),称为立体划线,如图 3-7b)所示。

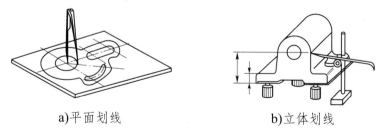

a)平面划线　　　　　b)立体划线

图 3-7　划线方法

2　划线工具

(1)钢直尺和90°角尺。钢直尺是一种简单的尺寸量具,它主要用来量取尺寸、测量工件,也可作划线的导向工具,如图 3-8 所示。90°角尺在划线时用作划垂直线或平行线的导向工具,也可用来校正工件表面在划线夹板上的垂直位置,如图 3-9 所示。

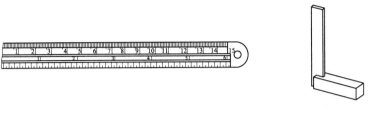

图 3-8　钢直尺　　　　　　　图 3-9　90°角尺

（2）划线平板。划线平板（图 3-10）是由铸铁制成,工作表面经过刮削加工,作为划线时的基准平面。划线平板使用时需注意以下几点。

①划线平板放置时应使工作表面处于水平位置。

②平板表面需保持整洁,用完后要擦拭干净,并涂上机油防锈。

③工件和工具在平板上应轻拿轻放,不可在平板上进行敲击作业,以免损伤工作表面。

（3）划针。划针是由直径为 3~5mm 的碳素钢制成,一端磨成 15°~20°尖角。它是用来在工件上划取线条的钢针,如图 3-11 所示。

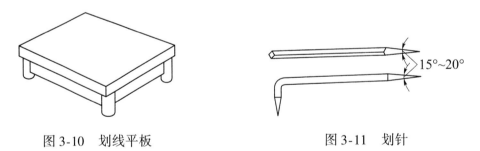

图 3-10　划线平板　　　　　　图 3-11　划针

（4）划规。划规是用来划圆弧、等分线段、等分角度和量取尺寸等的工具,如图 3-12 所示。

（5）样冲。样冲又称中心冲,如图 3-13a）所示。它是用于在工件所划线条上打样冲眼的工具,作为加强界线,以保持清晰的划线标记,或可作圆弧、钻孔时的定位中心。样冲一般由碳素工具钢制成,尖端处磨成 60°或 120°尖角并淬硬。使用样冲时,先使样冲外倾,冲尖对准线正中,然后再直立打冲眼,如图 3-13b）所示。薄壁面上冲的样眼要求浅,粗糙面上的样冲眼要深。

（6）游标高度尺。它用于测量工件的高度和精密划线。游标高度尺有普通游标式和电子数显式两大类。普通游标高度尺由主尺刻度显示工件高度和划线尺寸。电子数显式游标高度尺如图3-14所示,它由尺杆、微动装置、划线量爪和底座等组成。使用游标高度尺划线时,底座应干净并紧贴平板,不可晃动;量爪刀尖在工件表面轻轻划过,不可用力过大,以免刀尖损坏,影响划线精度;量爪刀尖磨损后要及时修整刃磨。

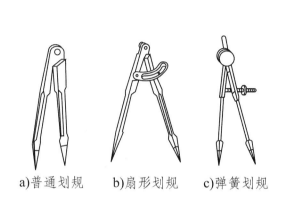

图3-12 划规

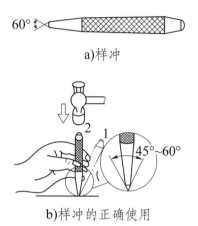

图3-13 样冲及其使用
1-冲尖对准线正中;2-样冲直立打冲眼

(7)划线盘。划线盘是用于立体划线和用来找正工件位置的常用工具。划线盘如图3-15所示,它由底座、立柱、划针和夹紧螺栓等组成。划针的直头端用来划线,弯头端用来找正工件位置。

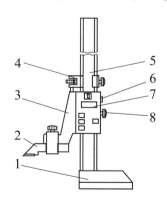

图3-14 电子数显式游标高度尺
1-底座;2-划线量爪;3-尺框;4-微动装置;5-尺杆;6-清零按钮;7-数字显示框;8-紧固螺钉

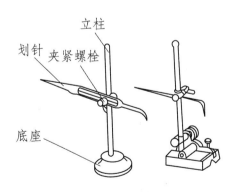

图3-15 划线盘

使用划线盘时应做到:划针基本处于水平位置,伸出端应尽量短些以防抖动;底座要清理干净;用手拖动划线盘时要紧贴平板移动,划针与划线表面间沿划线移动方向的夹角以 30°~60°为宜;划线盘暂时不使用时,划针直头端应朝下以防伤人。

❸ 划线操作

(1)确定划线基准。划线时用来确定零件上其他点、线、面位置的依据,称为划线基准,划线从基准位置开始。在工件图上由设计给定的基准称为设计基准。工件划线时,每个方向都需要选择一个基准,合理选择划线基准是做好划线的关键。通常平面划线需要两个方向的基准,立体划线要 3 个方向的基准。选择基准一般应考虑以下原则。

①尽量以设计基准作为划线基准。

②选择重要表面、已加工表面或加工余量小的表面作为划线基准。

(2)划线操作。

划线操作步骤一般如下。

①看清图纸和工艺文件,明确划线任务。

②选择划线工具,对划线部位进行去毛刺、清洁和涂色等。

③划出各方向的基准线,再按工艺要求划出重要的位置线,最后补全所有加工线。

④对图形及划线尺寸进行核对,检查划线部位的划线是否正确、完整。

⑤在划好的加工线上打样冲眼。

二 锉削

锉削是指用锉刀对工件表面进行切削加工,使其尺寸、形状、位置和表面结构达到要求的加工方法。它可以用于加工工件平面、曲面、内外角度面等各种复杂形状的表面。在现代工业生产条件下,仍有某些工件的加工需要手工锉削来完成,如对样板、模具的加工,或机器装配过程中对个别工件的修整等。

❶ 锉削工具

锉刀是钳工常用的工具之一,一般用碳素工具钢经表面淬火而成。锉刀由锉身和锉柄两部分组成,锉刀的上、下面为工作面,锉刀结构如图 3-16 所示。

一般钳工所用的锉刀按其用途不同,可分为普通钳工锉、异形锉和整形锉 3 类。锉刀由 T12 或 T13 钢制成,并经热处理淬硬切削部分,它是由专业厂家生产的一种标准工具。

(1)普通钳工锉主要用于一般工件的加工。按其断面形状不同,又分为平锉

(板锉)、方锉、三角锉、半圆锉和圆锉5种,以适用于不同表面的加工。普通钳工锉按照每10mm长度上齿纹的数量,分为粗齿(4~12齿)、细齿(13~24齿)和油光齿(30~40齿)3种。

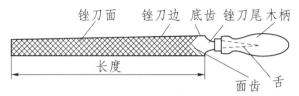

图3-16　锉刀的结构

(2)异形锉是用来加工零件的特殊表面。它有刀口锉、菱形锉、扁三角锉、椭圆锉等几种形式。

(3)整形锉(也称组锉或什锦锉)主要用于细小零件、窄小表面的加工及冲模、样板的精细加工和修整工件上的细小部分。整形锉的长度和截面尺寸均很小,截面形状有圆形、不等边三角形、矩形、半圆形等。它因分级配备各种断面形状的小锉而得名,通常以每组5把、6把、8把、10把或12把为一套。

❷ 锉刀的握法

锉刀种类多,结构差异大,锉削时握锉方法与锉刀类型有关。

(1)使用中、大型锉刀时,握锉方法是:右手握柄,柄端抵在拇指根部的手掌上,大拇指放在手柄上部,其余手指由上而下地握着锉刀柄,左手拇指根部肌肉压在锉刀上,拇指自然伸直,其余4指弯向掌心,用中指、无名指捏住锉刀前端,锉削时右手小臂要与锉身水平,右手肘部要提起,如图3-17a)所示。左手的握法也可用左手拇指与食指轻轻捏住锉身前端,如图3-17b)所示。

a)中、大型锉刀的握法　　b)左手的其他握法

图3-17　中、大型锉刀的握法

(2)使用小型锉刀时,握锉方法如图3-18a)所示:右手拇指放在刀柄的上方,食指放在刀柄的侧面,其余手指则从下面稳住锉柄;用左手的食指、中指、无名指压在锉身中部,以防锉身弯曲。

(3)使用整形锉时,只用右手握住,拇指放在锉柄的侧面,食指放在上面,其余手指由上而下握住锉刀柄,如图3-18b)所示。

 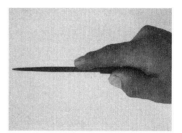

a)小型锉刀的握法　　　　　b)整形锉的握法

图 3-18　小型锉刀和整形锉的握法

❸ 锉刀的选用

合理选用锉刀对提高锉削效率、保证锉削质量、延长锉刀使用寿命有很大影响。如何正确选择锉刀,可从以下几方面考虑。

(1)选择的锉刀截面形状要和工件形状相适应。

(2)锉刀粗、细的选择取决于工件材料的性质、加工余量大小、加工精度和表面粗糙度要求的高低、工件材料的软硬等几个方面。粗齿锉刀由于齿距较大,容屑空间大,不易堵塞,适用于锉削加工余量大、加工精度低,以及表面结构要求低的工件和锉削铜、铝等软金属材料;细齿锉刀适用于锉削加工余量小、加工精度高和表面结构要求高的工件,以及锉削由钢或铸铁材料制成的工件等。

❹ 锉削的操作

(1)锉削操作。锉削是用锉刀对工件表面进行切削加工的方法。锉削时,将被锉削工件夹紧在台虎钳上,其高度与操作者臂肘高度相平为宜。站立姿势以弓步为宜,推送锉刀要平稳,向前推时用力下压平推,右手的压力要随着锉刀推动而逐渐增加,左手的压力要随锉刀推动而逐渐减小;向后回拉时不需加压,以减少锉齿的磨损;锉削速度一般应在每分钟 40 次左右,推出时稍慢,回拉时稍快,动作要自然、协调。锉削姿势如图 3-19 所示。

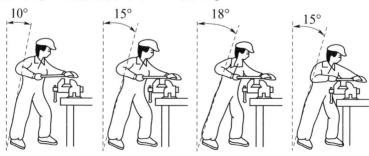

图 3-19　锉削的姿势

(2)锉削方法。锉削时常用的锉削方法有顺向锉、交叉锉和推锉 3 种,如图 3-20 所示。

a)顺向锉　　　　　b)交叉锉　　　　　c)推锉

图 3-20　锉削方法

①顺向锉。顺向锉是指锉刀始终沿着同一方向运动的锉削。顺向锉的锉纹整齐一致,比较美观,这是最基本的一种锉削方法。顺向锉常用于最后锉光和小平面的锉削。

②交叉锉。交叉锉是指锉刀从 2 个交叉的方向对工件表面进行锉削的方法。锉刀运动方向与工件夹持方向成 30°~40°角,且锉纹交叉。先沿一个方向将整个平面锉一遍,然后沿与前一方向垂直的方向将整个平面再锉一遍。交叉锉时,锉刀与工件的接触面大,锉刀容易掌握平稳,锉削效率高;同时工件锉削表面上有交叉网纹,从锉痕上能明显地看出高低差别,可以判断出锉削面的高低情况,便于不断地修正锉削部位,因此容易把平面锉平。它是较常采用的一种锉削方法。交叉锉一般用于粗锉,精锉时必须采用顺向锉。

③推锉。推锉就是两手对称地横握锉刀,两个大拇指均衡地用力推、拉锉刀进行锉削的方法。由于推锉时锉刀的平衡易于掌握,且切削量小,锉削表面平整,精度高、效率低。推锉常用于精锉加工及修整锉纹等。

(3)锉削平面质量的检查。检查内容包括:①用钢直尺或 90°角尺分别对工件的横向、纵向和对角线方向,用透光法检查锉削面的平面度和垂直度;②根据尺寸精度要求,选择钢直尺或游标卡尺从不同位置检查工件的尺寸;③检查表面结构要求,一般用眼睛观察即可。

5　锉削注意事项

(1)不准用嘴吹锉屑,也不要用手清除锉屑。当锉刀堵塞后,应用钢丝刷顺着锉纹方向刷去锉屑。

(2)对铸件上的硬皮或粘砂、锻件上的飞边或毛刺等,应先用砂轮磨去,然后锉削;为防锉刀的过快磨损,不要用锉刀锉削毛坯件的硬皮或工件的淬硬表面。

(3)锉削时要充分利用锉刀的整个有效工件面,避免局部磨损。

(4)锉刀使用时要防水防油。沾水锉刀易生锈,沾油后的锉刀锉削时易打滑。锉削时不准用手摸锉过的表面,因手有油污,再锉时易产生打滑现象。

(5)因锉刀硬而脆,所以不能用锉刀作为拆装、敲击和撬物的工具,以防锉刀折断。

(6)放置锉刀时,不要使其露出工作台面,以防锉刀跌落伤脚;也不能把锉刀与锉刀叠放或锉刀与量具叠放。

三 锯削

用手锯把材料或工件进行分割或切槽等的加工方法称为锯削。

① 锯削工具

钳工作业中常用的锯削工具是手锯。手锯由锯弓和锯条两部分组成,如图3-21所示。

(1)锯弓。用于安装和张紧锯条。根据弓背是否可伸缩情况,锯弓分为固定式(图3-21)和可调节式(图3-22)两种。锯弓两端装有夹头,一端是固定的,另一端是活动的,当锯条装在固定夹头的圆柱销上后,通过旋转活动夹头的翼形螺母可把锯条拉紧或放松。

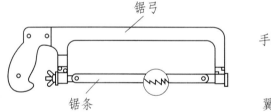

图3-21 固定式手锯

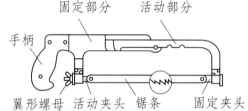

图3-22 可调节式手锯

(2)锯条。锯条是锯削时的切削工具,一般用碳素工具钢、合金工具钢或渗碳钢冷轧,并经淬火处理制成的。锯条的一边有一排锯齿,按照锯条每25mm长度内齿数多少,分为细齿、中齿和粗齿3种。一般粗齿用于锯削低碳钢、铜、铝、塑料等软材料及截面厚实的材料;细齿用于锯削硬材料、板料或薄壁管件等;加工碳钢、铸铁及中等厚度的材料,多用中齿锯条。

锯条安装时应使齿尖方向朝前,翼形螺母不宜拧得太紧或太松,以用手扳动锯条,感觉硬实即可确认松紧程度。

② 锯削操作方法

锯削从工件的棱边倾斜起锯,起锯后再转向平面锯削,以免锯齿折断,直至完成工件的锯削任务。

（1）起锯。起锯是锯削工作的开始,起锯时左手拇指靠住锯条,使锯条能正确地锯在所需位置上,行程要短,压力要小,速度要慢。起锯分为远起锯和近起锯两种,如图 3-23 所示。锯削时一般采用远起锯,起锯角要小些,起锯角 θ 约为 15°,起锯角过大,起锯不易平稳,过小则不易切入材料。

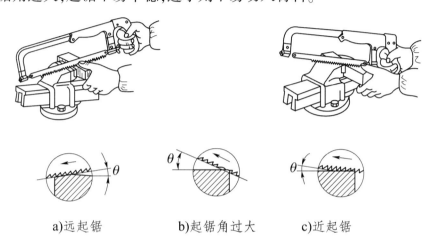

a)远起锯　　　　b)起锯角过大　　　　c)近起锯

图 3-23　起锯的操作方法

（2）平面锯削。锯削姿势与锉削基本相似。将工件夹紧在台虎钳上,被锯削的部位应尽可能靠近钳口。锯削时施加一定的压力将手锯往前推,返回时不施加压力的自然拉回,当工件即将锯断时减小右手施加的压力,用力要均匀,以免损伤锯齿。注意推力与压力由右手控制,左手主要配合右手扶正锯弓。锯削速度一般以每分钟 40 次左右为宜。

①管子的锯削。锯削管子时,应划出垂直于轴线的锯削线。锯削时必须把管子夹正,对于薄壁管和精加工过的管子,应夹在有"V"形槽的两木衬垫之间,如图 3-24a) 所示。锯削薄壁管时,先在一个方向上锯到管子内壁处,如此逐渐改变方向不断转动锯削,直至锯断为止,如图 3-24b) 所示。

a)薄壁管的装夹　　　　b)薄壁管的锯削方法

图 3-24　薄壁管的锯削

②薄板件的锯削。锯削薄板件时,可将薄板件夹在两木块或金属之间,连同木块或金属块一起锯削,如图 3-25a) 所示;或者,锯削时从薄板件的宽面上锯削

下去。这样既可避免锯齿被薄板件勾住发生崩齿或折断,又可增加薄板件的刚性,如图3-25b)所示。

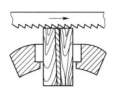 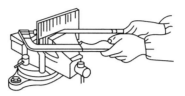

a)薄壁管的装夹　　　　b)薄壁管的锯削方法

图3-25　薄板件的锯削

③深缝锯削。锯削时,若工件锯缝深度超过锯弓高度,则这种锯缝称为深缝,深缝锯削如图3-26a)所示。在锯削过程中,当锯弓快要碰到工件时,应将锯条拆出并翻转90°重新安装,如图3-26b)所示;或将锯条的锯齿朝着锯弓内侧进行锯削,使锯弓不会与工件相碰(锯条翻转180°),如图3-26c)所示。

 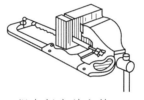 

a)深缝锯削　　　b)锯条拆出并翻转90°　　c)锯条翻转180°

图3-26　深缝的锯削

④扁钢的锯削。扁钢的锯削,应从扁钢的宽面往下锯,这样不但效率高,而且能较好地防止锯齿崩裂。槽钢的锯削与扁钢一样,但要分3次从槽钢的宽面往下锯;每当一个宽面锯断时,变换工件装夹位置,锯削另一宽面,不可从一个宽面上一直往下锯,否则锯齿易被钩住。

四　錾削

錾削是指用手锤敲击錾子,对工件进行切削加工或对板料、条料进行切割加工的操作方法。錾削主要用在不便于机械加工的单件生产场合,可用来去除毛坯的毛刺、飞边,或錾削平面、分割板料和条料,以及錾削沟槽等。

錾削工件效率低,劳动强度大,但錾削所用的工具简单、加工灵活,操作方便。

1 錾削工具

錾削的主要工具是錾子和手锤。

(1) 錾子。錾子是錾削工件的刀具，它是用碳素工具钢锻压成形，切削部分制成所需的楔形后，再经刃磨和淬火处理。錾子由切削部分和錾身构成。切削部分由前刀面、后刀面和切削刃组成。前刀面与后刀面之间的夹角 β_0 称为楔角，楔角越大，刃口的强度越高，刃口锋利程度就下降；反之，楔角越小，刃口强度越低，刃口越锋利。錾子结构如图 3-27 所示。

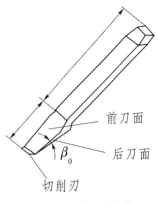

图 3-27 錾子结构

錾子根据加工需要，通常制成扁錾、狭錾和油槽錾 3 种形状，如图 3-28 所示。

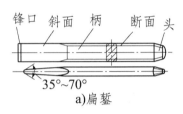 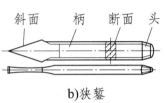 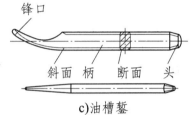

a) 扁錾 b) 狭錾 c) 油槽錾

图 3-28 錾子的形状

① 扁錾。它的切削部分扁平，用于錾削大平面、薄板料、清理毛刺等。

图 3-29 手锤

② 狭錾。它的切削刃较窄，用于錾槽和分割曲线板料。

③ 油槽錾。它的刀刃很短，并呈圆弧状，用于錾削润滑油槽等。

(2) 手锤。手锤是用来捶击錾子从而錾切金属的工具，也是钳工拆装零件时必不可少的工具之一。手锤由锤头和锤柄组成，如图 3-29 所示。锤头根据其用途不同，分为软锤头和硬锤头两种。软锤头有铝锤、硬木锤、橡胶锤和铜锤等；硬锤头主要是用碳素工具钢经锻造、淬火处理而成。锤柄一般由木头制成，手柄截面形状为椭圆形，长度为 300~350mm。

❷ 錾削的基本操作

(1) 錾子的握法。錾子主要用左手的中指、无名指和小指握持，大拇指自然握拢，让錾子的头部伸出手心 10~15mm（图 3-30a）。錾削时小臂自然平放，使之处于水平位置，五指不要死死握住錾子，否则，锤击时易使手部震麻、受伤。錾子的握法有正握法、反握法和立握法 3 种，如图 3-30 所示。

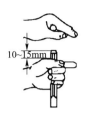   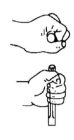

a)錾子伸出手心　　b)正握法　　c)反握法　　d)立握法　　e)错误握法

图 3-30　錾子的握法

(2)手锤的握法。手锤的握法有紧握法和松握法两种,如图 3-31 所示。

a)紧握法　　　　　　　　　　b)松握法

图 3-31　手锤的握法

①紧握法。右手 5 个手指紧握锤柄,大拇指合在食指上,虎口对准锤头方向(木柄椭圆的长轴方向),木柄尾端露出 15～30mm,不可捏在手柄的中、前端。在敲击和挥锤过程中,5 指始终紧握锤柄。

②松握法。敲击过程中只有大拇指和食指紧握锤柄,锤击錾子时,中指、无名指、小指在运锤过程中依次放松,抡回手锤时,中指、无名指、小指在运锤过程中则依相反的顺序放松。这种方法的优点是手不易疲劳,且产生的敲击力较大。

(3)挥锤方法。挥锤方法分腕挥、肘挥和臂挥 3 种,如图 3-32 所示。腕挥是用手腕的运动进行挥锤,锤击力较小,一般用于錾削的开始和结尾;肘挥是用手腕和肘一起挥锤,锤击力较大,应用最广;臂挥是用手腕、肘和全臂一起挥锤,锤击力最大,用于需要大力錾削的场合。

(4)錾子的刃磨。錾子刃磨的目的是为了获取正确的刃磨楔角和锋利的切削刃,以提高錾削质量和工作效率。錾子刃磨方法:操作者站在砂轮机的一侧,将錾子切削刃平放在略高于砂轮中心的砂轮轮缘上,轻加压力进行刃磨;刃磨时将切削刃在砂轮宽度方向做平稳地左右移动,并对前、后面的刀面交替刃磨,以求对称。刃磨过程中錾子要经常蘸水冷却,以防切削刃退火。錾子刃磨后要求如下。

a) 腕挥　　　　　　b) 肘挥　　　　　　c) 臂挥

图 3-32　挥锤方法

①除油槽錾外,楔角应被錾子的中心面等分。

②前刀面与后刀面应光洁、平整和对称。

③錾子的楔角大小应与工件硬度相适宜,錾削硬度较高的工件,錾子楔角宜大些,以提高刀刃的强度;反之,楔角宜小些,以提高刀刃的锋利性。

(5) 錾削操作。錾削姿势与锯削姿势基本一致,眼睛要注视錾子刀刃处,挥锤要求准、稳、狠。錾削操作过程一般分为起錾、錾削和錾出 3 个阶段。

①起錾。起錾一般从工件边缘尖角处开始,并使錾子从尖角处向下倾斜 30°左右,轻打錾子,即可轻易切入材料;如需从工件中部起錾时,可将錾子的切削刃抵紧切削部位,錾子头部向下倾斜,使錾子与工件切削表面基本垂直,然后轻敲錾子,也能完成起錾。

②錾削:起錾后按正常方法錾削,锤击力要均匀;锤击数次后,退出錾子观察加工表面是否朝正确位置和方向前进,同时也利于錾子散热。

③錾出:当錾削到工件尽头时,要防止工件材料边缘崩裂,脆性材料尤其需要注意,故在錾到离尽头 10mm 左右时,必须掉头錾去其余部分。

(6) 錾削操作安全事项。

①不使用锤柄开裂和松动的手锤。

②不允许正对着人进行錾削加工,以防錾屑飞出伤人。

③錾屑要用钢丝刷刷掉,不得用手擦或嘴吹。

④工作台上要安装安全网;錾削飞边或毛刺时应戴防护眼镜。

⑤錾子要经常刃磨,以防錾子变钝而打滑;手锤、錾子和工件表面不能有油污,以防滑脱。

五　孔加工

孔加工分为两类:一类是利用麻花钻、中心钻在实体工件上钻孔的操作;另一类是对已有孔进行再加工的操作,如扩孔、锪孔和铰孔等。

1 钻孔

钻孔是指钻头与工件做相对运动来完成的钻削加工。钻床主轴的旋转运动 v_c 为主运动,钻床主轴的轴向移动 v_f 称为进给运动,钻床钻孔操作如图 3-33a)所示。钳工作业的钻孔主要是在钻床上完成的,钻孔时将工件固定在工作台上,钻头安装在钻床的主轴孔中,主轴带动钻头做旋转运动并轴向移向工件进行钻削。钻孔工作也可在车床上完成,如图 3-33b)所示。

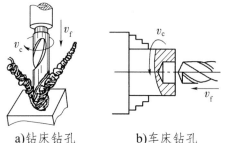

图 3-33 钻孔操作
a)钻床钻孔 b)车床钻孔

(1)钻孔的主要设备和工具。钻孔主要设备和工具有:台式钻床、立式钻床、手电钻,以及钻头和工件夹具(如手虎钳、平口钳、螺栓压板等)等。

(2)钻头。钻头是钻孔的切削刃具,通常用高速钢制成。钻头种类繁多,最常用的钻头是麻花钻。标准麻花钻由柄部、颈部和工作部分组成,如图 3-34a)所示。麻花钻的柄部是供装夹、传递转矩和轴向力用的;柄部有锥柄(图 3-34a)和直柄(图 3-34b)两种形式,一般直径大于 13mm 的钻头做成锥柄,直径小于 13mm 的钻头做成直柄。直柄所传递的转矩较小,锥柄因锥端有一扁尾,扁尾不仅能增加传递转矩,还能避免钻头工作时打滑;工作部分由切削部分和导向部分组成,它主要起切削、导向和修光孔壁的作用;钻头的规格、材料及商标常打印在颈部。

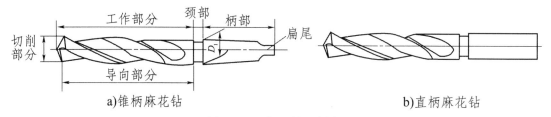

a)锥柄麻花钻　　b)直柄麻花钻

图 3-34 麻花钻的结构

麻花钻切削部分的构成如图 3-35 所示。它主要由前刀面、后刀面、副后刀面、主切削刃、副切削刃和横刃等组成。

图 3-35 麻花钻切削部分的主要构成
1-前刀面;2-主切削刃;3-后刀面;4-副切削刃;5-副后刀面

(3)钻削的基本操作。钻削的基本操作步骤如下。

①划线。根据图纸要求划出孔的十字中心线;打中心样冲眼;有的还需要按孔的直径划出检查圆。

②装夹钻头。通过钻夹头或钻套将钻头夹紧在钻床的主轴上,如图 3-36 所示。

③工件装夹。钻孔时工件的装夹应根据其工件形状、孔的位置和精度要求等,采取相应的装夹方法。钻削直径在 8mm 以下的小孔,可以采用手握持工件来进行钻孔;钻削直径在 8mm 以上的孔,必须用手虎钳、平口钳或压板夹持;对在圆柱形工件上钻孔,要用 V 形铁与压板配合来夹紧工件。钻孔工件的夹装方法,如图 3-37 所示。

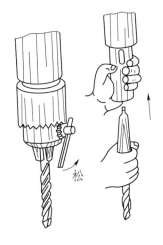

图 3-36　装夹钻头

 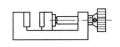

a)手虎钳夹持　　b)平口钳夹持　　c)压板夹持　　d)用V形铁夹持

图 3-37　工件装夹

④选择钻削用量。钻削时钻床的转速、进给量和钻削深度统称为钻削用量。通常当钻床转速高、进给量小时,适合钻削小孔;当钻床转速低、进给量大时,适合钻削大孔;当被钻削的材料较硬时,进给量和转速都要相应降低,当被钻削的材料较软时,进给量和转速可相应提高。

⑤试钻。用钻头对准圆心处的样冲眼钻削出一个小浅坑,观察钻孔位置是否正确,如有误差,应及时校正。

⑥手动进给钻削。当试钻达到钻孔位置要求后,即可进行钻孔。钻孔时要注意选择合适的进给量,当钻削到一定深度时可通过经常退出钻头来排出孔中铁屑;当钻头将要钻至所需深度或将钻通时,应减少进给量。

⑦加注切削液。钻削时为了使钻头能及时散热冷却,减少钻头与切屑、工件间的摩擦,钻孔时可加注切削液,若钻削铸铁件时可不加切削液。

❷ 扩孔

在钻床上利用扩孔钻,将工件上已有孔径进行扩大加工的操作称为扩孔。扩孔具有切削阻力小、排屑容易、加工质量好、生产效率高等特点。扩孔常作为铰孔前的预加工,或在钻直径大于30mm时,先用0.5~0.7倍孔径的钻头预钻孔,再用相应孔径的扩孔钻扩孔。

(1)扩孔钻。扩孔所用的刀具称为扩孔钻。扩孔钻按照刀体结构分为整体式和镶片式2种;按照装夹方式分为直柄、锥柄和套式3种;按照钻头材料分为高速钢和合金钢2种。扩孔钻的结构如图3-38所示。

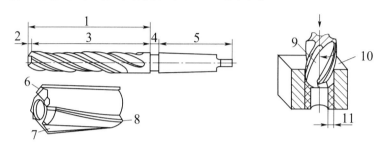

图3-38 扩孔钻与扩孔

1-工作部分;2-切削部分;3-校准部分;4-颈部;5-柄部;6-主切削刃;7-前刀面;8-刃带;9-扩孔钻;10-工件;11-扩孔余量

(2)扩孔钻的特点。与麻花钻相比,扩孔钻有如下特点:①由于扩孔钻中心不切削,因此没有横刃,避免了由横刃引起的不良影响;②扩孔产生的切屑体积小,排屑容易;③扩孔钻强度高、齿数多和导向性好,可采用较大切削量,生产效率高;④扩孔时切削深度小,切削阻力小,切削省力。

❸ 锪孔

锪孔是指在钻床上利用锪钻,在孔口表面加工出一定形状的孔或表面的方法。

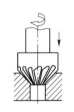
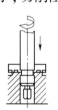

a)锥形锪钻 b)柱形锪钻 c)端面锪钻

图3-39 锪钻

(1)锪钻。锪孔所用的刀具统称为锪钻;锪钻分为锥形锪钻、柱形锪钻和端面锪钻3种,如图3-39所示。它们分别用于锪圆柱形沉孔、锪圆锥形沉孔和锪平面等形式。

①锥形锪钻。它是用于加工沉头螺钉的沉头孔和孔口倒角。锥形锪钻的齿数为4~12个,锥角有60°、75°、90°和120°等几种,一般90°锥角的锥形锪钻用得最多。

②柱形锪钻。用于加工螺钉的柱形沉头孔。柱形锪钻前端带有导柱,导柱直径与工件上已有孔的直径采用间隙很小的间隙配合,保证锪孔时有良好的定心和导向。

③端面锪钻。端面锪钻用于锪削螺栓凸台等表面。端面锪钻仅在端面上有

切削刃,为了保证端面和孔轴线垂直,端面锪钻也带有导柱。

(2)锪孔的操作方法。锪孔时,进给量选择钻孔时的2~3倍,切削速度是钻孔的1/2~1/3倍为宜,以便尽量减小锪孔时的振动来获得表面结构要求高的加工表面。在锪钢制工件等硬度高的材料时,因切削时产生的热量大,应在锪孔部位加注切削液进行冷却。

❹ 铰孔

铰孔是指用铰刀从已经加工的孔壁上切除微量金属层,以提高其尺寸精度和提高工件表面结构要求的操作。铰孔属于对孔的精加工,加工精度一般可达IT7~IT9级,表面结构要求可达 Ra 1.6μm。

(1)铰刀的结构。铰刀由柄部、颈部和工作部分组成,它一般用高速钢或高碳钢制造。铰刀柄部用来装夹、传递扭矩,柄部形状有直柄、锥柄和方榫柄3种形式。颈部是磨制铰刀时供砂轮退刀用的,同时也是刻印商标和规格的地方。工作部分又分为切削部分和校准部分,切削部分用于切除铰孔余量,校准部分引导铰刀头部进入孔内,起定向和修光孔壁的作用。

(2)铰刀的种类。由于铰刀使用广泛,因此铰刀种类繁多。铰刀按使用方式不同,可分为手用铰刀(图3-40a)和机用铰刀(图3-40b)2种。一般手用铰刀的齿距在圆周方向上分布不均匀,而机用铰刀工作时靠机床带动,为制造方便,都做成沿圆周方向等齿距分布。按铰刀结构不同,可分为整体式铰刀、镶齿式铰刀和调节式铰刀。按切削部分材料不同,可分为高速钢铰刀和硬质合金钢铰刀等。如图3-40c)所示为可调节式铰刀。

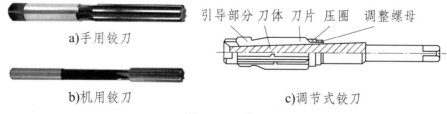

图3-40 铰刀

(3)铰削操作方法。铰削操作方法分为手用铰刀铰削和机用铰刀铰削两种。

①手用铰刀的铰削方法。首先,选择与所铰孔相符合的铰刀直径规格,正确装夹工件,尽可能使工件处于水平位置,然后起铰。起铰时用右手沿铰孔轴线方向上施加压力,左手转动铰刀,保证铰刀顺利进入孔口,避免将孔口铰成喇叭形孔或孔径扩大。起铰后,双手握住铰柄,两手均匀、平衡用力,不应施加侧向力。铰削过程中应变换每次停歇的位置,以防形成振痕。

在铰孔过程中和退出铰刀时,为防止铰刀磨损及切屑挤入铰刀与孔壁之间而划伤孔壁,铰刀不能反转;铰削不通的孔时应经常退出铰刀,清除切屑。若铰削过程中铰刀被卡,不能猛力转动铰柄,以防折断铰刀或崩刀,应谨慎退出铰刀,清除切屑和检查铰刀。

②机用铰刀的铰削方法。首先,选择合适的铰削余量、切削速度和进给量。其次,工件在一次装夹过程中完成钻孔、扩孔和铰孔的全部程序,以保证机床主轴、铰刀与工件孔的同轴度。铰削过程中应及时注入足够的切削液,以清除黏附在铰刀上的切屑和降低铰刀温度。铰孔完毕后,应先退出铰刀,然后再停车,以防划伤孔壁。

铰通孔时铰刀校准部分不能全部出头,以免将孔口处刮坏,而且会使铰刀难以退出。

六 螺纹加工

螺纹加工方法很多,一般比较精密的螺纹都需要在车床上加工,而钳工加工螺纹主要指用手工操作方法进行攻螺纹和套螺纹,加工的螺纹多为三角形螺纹。由于钳工加工螺纹的方法简单、使用方便,所以应用比较广泛。螺纹加工方法如图 3-41 所示。

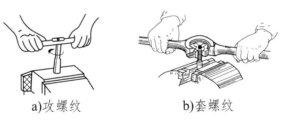

a) 攻螺纹　　b) 套螺纹

图 3-41　螺纹加工

❶ 攻螺纹

(1) 攻螺纹的工具。用丝锥在工件孔中加工出内螺纹的加工方法称为攻螺纹。攻螺纹所用的工具主要是丝锥和铰杠,如图 3-42 所示。

①丝锥。丝锥是加工内螺纹并能直接获得螺纹尺寸的刀具,丝锥的外形与螺钉相似,对于中小尺寸的螺纹加工,丝锥往往是唯一的加工工具。

a. 丝锥的种类。丝锥按使用方法不同分为手用丝锥和机用丝锥;按其牙型不同分为普通螺纹丝锥、圆柱螺纹丝锥和圆锥螺纹丝锥等,其中普通螺纹丝锥又分为粗牙螺纹丝锥和细牙螺纹丝锥。丝锥常用碳素工具钢、高速钢或轴承钢经滚牙和热处理制成。手用丝锥用于单件小批量生产或各种修配工件的操作中;

机用丝锥是装夹在车床上使用的一种丝锥,常用于较大批量和直径较大的螺纹孔加工。

a) 成组丝锥

b) 铰杠

图 3-42　攻螺纹的工具

b. 丝锥的结构。丝锥主要由工作部分和柄部两部分组成,其中工作部分包括切削部分和校准部分。丝锥沿轴线方向开有几条容屑槽,用于排屑和形成切削部分锋利的切削刃,起主切削作用;丝锥校准部分有完整的牙型,用于修正和校准已切出的螺纹,并引导丝锥沿轴向前进,牙型由浅入深,逐渐变得完整,从而保证丝锥容易攻入孔内;丝锥的柄部制有方榫,以便于丝锥铰杠的夹持并传递扭矩。

c. 成组丝锥。为减少切削阻力,延长丝锥使用寿命,一般将螺纹的切削工作分配给几只丝锥完成,以减轻每支丝锥的单齿负荷。这种将两支或两支以上丝锥为一组(即头锥、二锥和三锥等),依次使用一组丝锥完成一个螺纹孔的切削加工,这样的一组丝锥称为成组丝锥。成组丝锥分为等径丝锥和不等径丝锥。

等径丝锥中,每支丝锥的大径、中径和小径都相同,不同的是切削锥长度和切削锥角不同,在加工通孔螺纹时,只需头锥就可加工完成螺纹的轮廓和尺寸要求;这种丝锥所承受的负荷大,易磨损。不等径丝锥中,头锥、二锥和三锥的大径、中径和小径都不同,只有三锥才具有螺纹要求的轮廓和尺寸,这种丝锥所承受的负荷小,磨损少,但头锥和二锥不能单独使用,只有经过三锥加工后才能符合螺纹轮廓和尺寸要求。

② 铰杠。铰杠是手工攻螺纹时用来夹持丝锥的工具,它分为普通铰杠和丁字形铰杠两类,每类铰杠根据固定丝锥柄部的方孔尺寸是否可调节,又可分为固定铰杠和活动铰杠两种,由于活动铰杠中固定丝锥柄部的方孔尺寸可以调节,因此应用范围相对广泛。

a. 普通铰杠。普通铰杠如图 3-43 所示。固定式普通铰杠一般用于夹持 M5 以下的螺纹丝锥;大尺寸螺纹的丝锥一般用活动式普通铰杠夹持。

b. 丁字形铰杠。丁字形铰杠如图3-44所示。丁字形铰杠适用于攻制工件台阶边或工件内部的螺纹。可调式丁字形铰杠是通过一个四爪的弹簧夹头来夹持不同尺寸的丝锥,一般用于夹持攻制M6以下螺纹的丝锥,大尺寸螺纹的丝锥夹持一般用固定式丁字形铰杠。

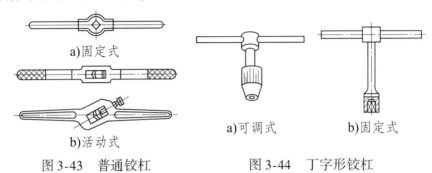

图3-43　普通铰杠　　　　图3-44　丁字形铰杠

(2)攻螺纹的操作方法。攻螺纹的操作步骤如下。

①确定螺纹底孔直径。螺纹底孔直径应略大于螺纹小径,如果底孔直径等于螺纹小径,被丝锥挤压出的金属会卡住丝锥甚至将丝锥折断;如果底孔直径过大,则会造成螺纹牙型高度不够,降低螺纹强度。底孔直径可以按如下经验公式计算:

脆性材料:

$$D_{底} = D - 1.05P \tag{3-1}$$

韧性材料:

$$D_{底} = D - P \tag{3-2}$$

式中:$D_{底}$——底孔直径;

　　　D——螺纹大径;

　　　P——螺距。

②钻底孔并倒角。根据图样尺寸划出底孔中心位置,并用样冲在底孔中心位置打样冲眼;再根据底孔直径选择钻头,利用钻床钻出底孔并倒角。

③攻螺纹。将钻好底孔的工件夹紧在台虎钳上,装夹时尽量使螺纹孔中心线垂直于水平面。

a. 选好铰杠,将丝锥装夹在铰杠上,然后将丝锥垂直放入底孔中,一手施加压力,另一手转动铰杠,即起攻。

b. 当丝锥切入1~2圈时,需仔细观察和校正丝锥与工件表面的垂直度情况,垂直度检查可用目测或90°角尺。

c. 当丝锥切入3~4圈时,如丝锥位置正确无误,则停止对丝锥施加压力,只需平衡地转动铰杠,依靠丝锥上的螺纹自然旋进,并不断反转断屑,直至攻到所需深度,然后自然反转退出丝锥。

d. 再次用丝锥对螺纹孔进行一次清理,以丝锥自然顺畅地旋入螺纹孔为宜。攻螺纹时必须按头锥、二锥和三锥的顺序依次攻削,以减小切削负荷,防止丝锥折断。

(3)螺纹孔加工注意事项。

①选择合适的铰杠长度,以免转矩过大而折断丝锥。

②当丝锥切入3~4圈时,不可再对丝锥的位置进行校正,否则易折断丝锥。

③正常攻螺纹阶段,双手作用在铰杠上的力要平稳,切忌用力过猛或左右晃动,造成牙型撕裂。

④转动铰杠感觉吃力时,不能强行转动,应退出头锥换用二锥,交替进行。

⑤攻不通螺纹时,可在丝锥上做好深度标志,并经常退出丝锥清除切屑,以免切屑堵塞而折断丝锥或攻不到规定深度。

⑥对材料较硬工件攻螺纹时,要加切削液润滑,以减少摩擦,延长板牙或丝锥的使用寿命并提高加工精度。

❷ 套螺纹

用板牙在圆柱面上加工出螺纹的加工方法称为套螺纹。

(1)套螺纹的工具。常用套螺纹的工具有板牙和板牙架。

①板牙。板牙是加工外螺纹的刀具,它由合金工具钢或高速钢制成并淬硬。板牙按其结构和用途不同分为方板牙和圆板牙,其中圆板牙又分为封闭式和开槽式两种,如图3-45所示。圆板牙本身形状就像一只圆螺母,只是在板牙的端面钻有4个排屑孔并形成切削刃。

②板牙架。板牙架是装夹板牙的工具。方板牙用方板牙架固定,圆板牙用圆板牙架固定,板牙放在板牙架内,并以螺钉紧固。

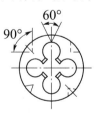
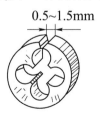

a)方板牙　　b)封闭式圆板牙　　c)开槽式圆板牙　　d)方板牙架　　e)圆板牙架

图3-45　板牙与板牙架

(2)套螺纹的操作方法。套螺纹的操作步骤如下。

①确定圆杆直径。与攻螺纹一样,用板牙套螺纹的切削过程同样存在挤压

作用,因此,圆杆直径应略小于螺纹的大径。圆杆直径可按下面的经验公式确定:

$$d_{杆} = d - 0.13P \tag{3-3}$$

式中: $d_{杆}$ ——圆杆直径;

  d ——螺纹大径;

  P ——螺距。

②车削圆杆至所需直径并倒角,然后将圆杆用 V 形夹板或钳台上加垫黄铜衬垫的方式装夹端正、牢固,应尽量使圆杆轴线与水平面垂直。

③起套。起套方式与起攻方法相似,用手掌按住板牙中心,沿圆杆轴线施加压力,压力要大;另一手配合做顺时针缓慢旋转,在板牙切入圆杆 1~2 圈时目测和校正板牙位置,保证板牙端面与圆杆轴线垂直。

④当板牙切入 3~4 圈,完成起套后,停止施加压力并匀速转动,让板牙依靠螺纹自然套进,套削过程中不断倒转断屑。较硬工件上套螺纹时,应加切削液以提高螺纹表面结构要求,延长板牙寿命,切削液可选用机油、乳化液或植物油。

七 研磨

研磨是用研磨工具和研磨剂从工件表面磨掉一层极薄金属的精加工方法。研磨分为手工研磨和机械研磨两种,钳工操作中主要采用手工研磨。

1 研磨的基本原理

研磨是以物理和化学的共同作用,实现去除工件表层金属的一种方法。

(1)化学作用。研磨剂中加有一种黏度较大和氧化作用较强的混合脂,与被研磨表面接触后,会很快形成一层氧化膜,这层氧化膜很容易被研磨掉,在研磨过程中不断地被氧化,又不断地被研磨掉,如此反复从而提高了研磨效率。

(2)物理作用。研磨时,研磨剂中的微小颗粒被压嵌在研具表面,成为无数把切削刃,经过研具和工件间的相对运动,将工件表面切去一层极薄的金属。

2 研具

研磨工具简称研具。它是研磨加工中保证被研磨工件几何精度的重要因素。常用研具有研磨平板、研磨棒和研磨套等。制造研具的材料可用灰铸铁、球墨铸铁、低碳钢或铜,选用时要求研具硬度低于工件的硬度。

(1)研磨平板。它主要用于研磨平面工件,如量块、精密量具的研磨,研磨平板分有槽研磨平板和光滑研磨平板两种,如图 3-46 所示。有槽研磨平板用于粗研,因为有槽研磨平板能保证工件在研磨时整个平面内有足够的研磨剂;光滑研磨平板用于精研。

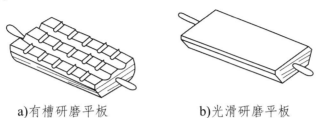

a)有槽研磨平板　　　　b)光滑研磨平板

图 3-46　研磨平板

(2)研磨棒。主要用于研磨套类工件的内孔。研磨棒分为固定式(图3-47)和可调式(图3-48)两种。固定式研磨棒制造简单但磨损后无法补偿,主要用于单件研磨。可调式研磨棒的尺寸可在一定范围内调整,适用于成批量工件孔的研磨。

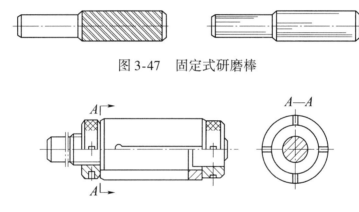

图 3-47　固定式研磨棒

图 3-48　可调式研磨棒

(3)研磨套。研磨套主要用于研磨轴类工件的外圆表面。研磨套一般制成可调节式,当研磨一定时间后,研磨套内径因磨损而增大,这时可通过拧紧调节螺钉使孔径缩小的方法,来保证合适的研磨间隙。研磨套结构如图3-49所示。

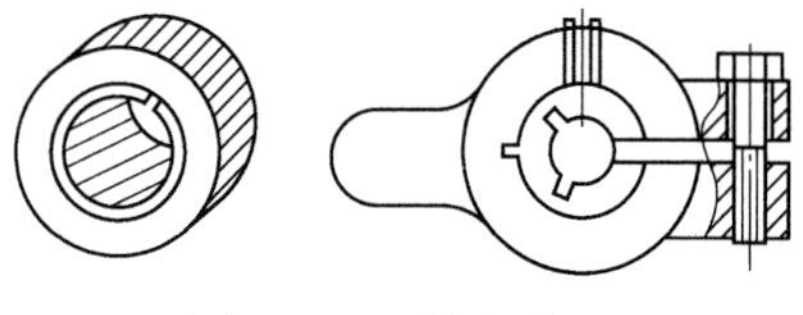

图 3-49　研磨套

3　研磨剂

研磨剂是由磨料、研磨液和辅料材料混合而成的一种制剂。研磨剂常配制成液态状、膏状和固态状3种形式。

(1)磨料。磨料是一种粒度很小的粉状硬质材料,在研磨中起切削作用。常用磨料有氧化物磨料、碳化物磨料、金刚石磨料等。

(2)研磨液。它在研磨剂起稀释、润滑和冷却作用。常用研磨液有机油、煤油、汽油等。

(3)辅助材料。辅助材料是一种黏度较大和氧化作用较强的混合脂。它的作用是使工件表面形成一层氧化膜,加速研磨进程。常用辅助材料有油酸、脂肪酸、工业甘油等。

❹ 研磨运动轨迹

手工研磨的运动轨迹一般采用直线、摆线、螺旋线和"8"字形等几种。研磨运动轨迹简介见表 3-1。

研磨运动轨迹简介　　　　表 3-1

研磨轨迹	运动描述	特点	应用
直线	研磨按直线运动轨迹不互相交叉,但易重叠	使工件获得较高的精度和很好的表面结构	窄长平面或窄长台阶平面
摆线	研磨时工件在往复直线运动的同时又进行左右摆动	可获得较好的直线度	刀口形工件、角尺等
螺旋线	工件以螺旋线状滑移研磨	可获得较好的平面度和很好的表面结构	圆柱形或工件
"8"字形	工件研磨滑移的轨迹为"8"字形	可提高工件研磨质量,且使模具均匀磨损	量规类小平面

❺ 研磨方法

(1)平面研磨。平面研磨是在非常平整的平板上进行,研磨前要根据工件特点选择合适的研具、研磨剂研磨运动轨迹、研磨速度和研磨压力;用煤油或汽油把平板擦洗干净,再涂上研磨剂;然后将工件被研表面与研磨平板贴合进行研磨。

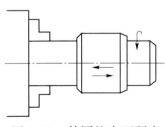

图 3-50　外圆柱表面研磨

(2)外圆柱表面研磨。外圆柱表面研磨一般采用手工研磨与机械研磨相配合,用研磨套对工件进行研磨,外圆研磨如图 3-50 所示。

研磨前,将清洗干净后的工件表面均匀地涂上一层研磨剂,并套上研磨套,调整好工件与研磨套之间的研磨间隙,其松紧程度以手用力能转动研磨套为宜;研磨时,工件由车床或钻床带动,通过工件的旋转和研磨套在工件上沿轴线方向做往复运动实现研磨。

研磨外圆时,工件转速一般是:当工件直径小于100mm时,转速约为100r/min;直径大于100mm时,转速约为50r/min。研磨套往复移动速度要适当,以工件上研磨出来的网纹与工件轴线成45°交叉线为宜;如研磨移动太快,则网纹与工件轴线夹角较小;如研磨移动速度太慢,则网纹与工件轴线夹角较大。

(3)内孔研磨。内孔研磨时,将研磨棒夹紧在车床或钻床的主轴上转动,把清洗干净并涂有研磨剂的工件套在研磨棒上研磨。研磨套与工件间的松紧程度,一般以手持工件研磨时不感觉十分费力为宜。

❻ 研磨注意事项

研磨时应注意以下事项。

(1)正确选择合适的研具、研磨剂和研磨方法。

(2)每次添加的研磨剂应均匀分布在研磨表面上,添加量不要过多。

(3)研磨速度不能太快,研磨压力不能太大,否则易使研磨表面粗糙,工件发热变形。

(4)研磨时研具与研磨表面要始终保持紧密贴合,研磨轨迹均匀地遍布整个研磨表面。

(5)研磨后的工件要及时清洗干净并防锈。

单元小结

(1)钳工操作主要包括划线、锯削、锉削、錾削、钻孔、扩孔、铰孔、攻螺纹、套螺纹和研磨等。

(2)钳工常用设备有钳工工作台、台虎钳、砂轮机和钻床等。

(3)钳工作业时,应熟悉安全操作规程并严格遵守。

技能训练

(1)参观钳工实习场所,认识钳工设备及常用的工、量具等。

(2)制作下图所示的六角螺母,材料45钢。通过本任务的操作,要求基本掌握钳工基本理论知识;掌握划线、锯削加工方法、孔的加工方法、螺纹的加工方法及测量与检验方法等钳工基本技能。

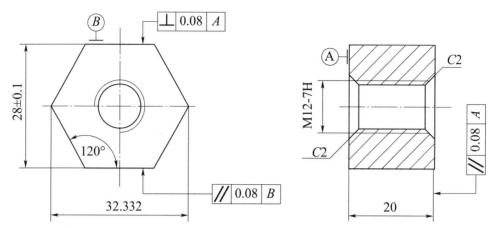

(3)完成下图所示手锤的制作。材料45钢。通过本任务的操作,能进一步熟练掌握划线、錾削、锯削、孔加工、检测与测量方法等钳工基本技能。

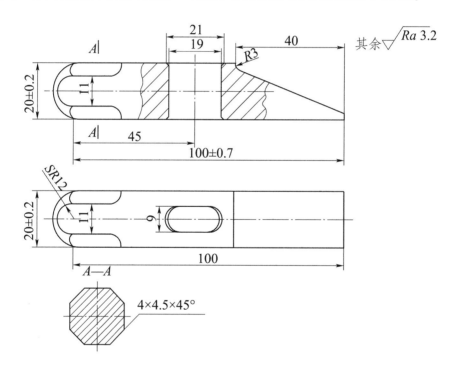

思考与练习

(一)填空题

1.常用钳工设备有_____、_____、_____、_____等。

2.手锯由_____和_____两部分组成。

3. 钳工所用的锉刀按其用途不同,可分为_____、_____和_____三类。

4. 錾削的主要工具是_____和_____。

5. 标准麻花钻主要由_____、_____和_____三部分组成。

6. 钻削时,钻床的_____、_____和_____统称为钻削用量。

7. 锪孔是指在_____上利用_____,在孔口表面加工出一定形状的_____的方法。

8. 铰削操作方法分为_____和_____两种。

9. 钳工攻螺纹用的工具是_____和_____;套螺纹用的工具是_____和_____。

10. 手工研磨的运动轨迹一般采用_____、_____、_____和"8"字形等几种形式。

(二)判断题

1. 钻床需要变速时,应先停车后变速。　　　　　　　　　　　(　　)
2. 划线时,可以不用在工件划线部位涂色。　　　　　　　　　(　　)
3. 锯削推进时,速度应稍慢,并施加一定压力;锯削回程时,速度应稍快,且不加压力。　　　　　　　　　　　　　　　　　　　　　　　(　　)
4. 锯削时,一般采用近起锯比较适宜。　　　　　　　　　　　(　　)
5. 当板牙切入3~4圈,完成起套后,仍需施加压力让板牙匀速套进。(　　)
6. 在锉削回程时应施加较小压力,以减小锉齿的磨损。　　　　(　　)
7. 钻孔时须戴手套操作。　　　　　　　　　　　　　　　　　(　　)
8. 板牙是加工外螺纹的工具。　　　　　　　　　　　　　　　(　　)
9. 在攻螺纹时,螺纹底孔的孔口处要倒角。　　　　　　　　　(　　)
10. 研磨是一种用物理方法去除工件表层金属的操作。　　　　(　　)

(三)单项选择题

1. 台虎钳是用来夹持工件的一种(　　)夹具。
   A. 专用　　　　　　B. 通用　　　　　　C. 组合

2. 只需在工件一个表面上划线就能明确表示(　　)的称平面划线。
   A. 几何形状　　　　B. 加工尺寸　　　　C. 加工界线

3. 板牙架是装夹板牙的工具,板牙放入后,用(　　)紧固。
   A. 铆钉　　　　　　B. 焊接　　　　　　C. 螺钉

4. 粗锉时一般采用( )的锉削方法。

    A. 顺向锉   B. 交叉锉   C. 推锉

5. 铰削不通孔时,应( )退出铰刀以清除切屑。

    A. 不能   B. 经常   C. 无所谓

(四)简答题

1. 简述划线前应做好的准备工作。

2. 简述正确锯削管子和薄壁件的方法。

3. 简述扩孔钻的特点。

4. 简述手工攻螺纹的加工过程。

5. 简述研磨操作的注意事项。

单元四
汽车常用材料

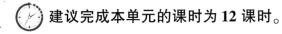 学习目标

知识目标

1. 了解汽车常用材料的种类及在汽车上的应用；
2. 了解汽车常用有色金属的主要性能及其应用；
3. 了解汽车常用非金属材料的主要性能及其应用；
4. 了解汽车新能源的应用情况；
5. 了解汽车重要部件所用的材料。

技能目标

1. 能根据实际车辆,正确选用车用汽油、柴油的牌号；
2. 能根据实际车辆,正确选用发动机油、车辆齿轮油、液力传动油、汽车润滑脂；
3. 能根据实际车辆,正确选用汽车制动液、发动机冷却液、汽车空调制冷剂；
4. 能根据实际车辆,正确选用车用轮胎。

素养目标

1. 培养学习能力和课程实践能力；
2. 增强问题意识,提高探索创新能力。

建议完成本单元的课时为 **12 课时**。

课题一　金　属　材　料

一辆汽车由上万个零件组装而成,而从每个零件的设计、选材、加工制造,到汽车的使用、维护,无一不涉及材料。汽车用材料分为金属材料和非金属材料两大类。

金属材料分为黑色金属材料和有色金属材料两种。工业上,通常把由铁、碳为主要元素组成的铁碳合金统称为黑色金属,其中含碳量不大于2.11%的铁碳合金称为钢,大于2.11%的铁碳合金称为铸铁。除铁碳合金以外的金属称为有色金属。

一 黑色金属材料

汽车上有80%左右的零件是用金属材料制成的。按化学成分的不同,黑色金属分为非合金钢、低合金钢、合金钢和铸铁。其中,非合金钢、低合金钢和合金钢统称为钢。

❶ 非合金钢

含碳量不大于2.11%时的铁碳合金称为钢,钢按化学成分不同,分为非合金钢、低合金钢和合金钢。

非合金钢是指熔炼时没有有意加入其他合金元素的钢。非合金钢俗称碳素钢,简称碳钢,它是指含碳量不大于2.11%,并含有少量硅、锰、硫、磷等杂质元素组成的铁碳合金。由于非合金钢容易冶炼,价格较便宜,具有较好的力学性能和工艺性能,性能上能满足一般场合工作的零件或结构,因此在机械制造、交通运输、工程建筑等领域中获得广泛应用。

(1)钢中杂质元素对钢性能的影响。

非合金钢中除了含有铁和碳元素外,还含有少量的锰、硅、硫、磷等杂质元素。这些元素是在钢冶炼过程中不可避免地被带入的,它对非合金钢性能和质量会产生一定的影响,影响如下。

①锰的影响。锰是炼钢时由生铁和锰铁脱氧剂带入而残留在钢中的,锰的脱氧能力较好,能清除钢中的FeO;锰与硫形成MnS,以减轻硫的有害作用,降低钢的脆性,改善钢的热加工性能;此外,锰能够溶入铁素体产生固溶强化,提高钢的强度和硬度,它是一种有益元素。

②硅的影响。硅也是在炼钢时由生铁和硅铁脱氧剂带入而残留在钢中的。硅脱氧能力比锰强,可有效清除钢中的FeO,改善钢的性能。硅能溶入铁素体晶格中,产生固溶强化,提高钢的强度、硬度和弹性模量,但使钢的塑性、韧性下降,硅是一种有益元素。

③硫的影响。硫是炼钢时由生铁和燃料带入钢中的杂质。它主要以 FeS 的形式存在于钢中,分布在奥氏体晶界上,当钢加热到 1200℃ 以上进行锻压加工时,会破坏晶粒间的结合力,使钢沿晶界开裂,产生"热脆",故硫是一种有害元素。但在易切削钢中,硫与锰形成 MnS 易于断屑,能提高钢的切削加工性。

④磷的影响。磷是由铁矿石带入钢中的,在一般情况下,磷能溶入铁素体而使钢的强度、硬度升高,但塑性、韧性显著下降,这种脆化现象在低温时更为严重,故称为"冷脆"。"冷脆"现象是由于磷在结晶过程中晶内偏析倾向严重,局部含磷量偏高造成的,故磷是一种有害元素。

(2)非合金钢的分类。

①按钢中的含碳量高低分类。

a. 低碳钢。含碳量小于(含)0.25%。

b. 中碳钢。含碳量在 0.25%～0.6%。

c. 高碳钢。含碳量大于(含)0.6%。

②按质量等级分类。

a. 普通质量非合金钢。硫、磷含量小于 0.045%,无特殊质量要求的一般用途非合金钢。

b. 优质非合金钢。硫、磷含量小于 0.035%,按规定控制质量,如晶粒度、化学成分等。

c. 特殊质量非合金钢。硫、磷含量小于 0.025%,严格控制质量和性能。

③按钢的用途分类。

a. 结构钢。用于制造各种钢结构或机器零件的钢。

b. 工具钢。用于制造各种切削刀具、量具和模具的钢。

(3)非合金钢的编号、性能及用途。非合金钢的编号一般以汉语拼音、字母和数字 3 部分组合而成。

①碳素结构钢。碳素结构钢是一种普通质量非合金钢。它的编号用"Q + 屈服点强度数值 + 质量等级 + 脱氧方法"格式表示。Q 表示屈服点;质量等级分 A、B、C、D 四级,由 A～D 质量依次上升;脱氧程度代号 F 表示沸腾钢,Z 表示镇静钢,b 表示半镇静钢。如 Q215 – A·F 表示屈服强度不低于 215MPa 的 A 级沸腾钢。它是一种工程结构件用的结构钢。这类钢冶炼工艺简单,成本低,只考虑力学性能而不考虑化学成分,工艺性(焊接性、冷成形性)好,能满足一般工程结构和普通机械结构零件的性能要求,使用量较大;但钢中杂质较多,强度不高,一般不进行热处理,通常以各种规格的型材(圆钢、方钢、工字钢、钢筋等)供应市场。

常用工程用碳素结构钢的牌号有 Q195、Q215、Q235、Q255、Q275 等,可用于制造桥梁、船舶、汽车发动机前后支架、传动轴中间轴承支架、消声器、百叶窗叶片等。

②优质碳素结构钢。优质碳素结构钢是一种优质非合金钢。它的编号用2位数字表示。数字表示钢中平均含碳量的万分之几;若钢中含锰量较高,则在数字后加注"Mn"。如30钢表示钢中平均含碳量为0.30%的优质结构钢;30Mn钢表示钢中平均含碳量为0.30%,平均含锰量较高的优质碳素结构钢。它是制造机器零件用结构钢。这类钢的化学成分和力学性能均有严格的控制,钢中杂质含量较少,特别是硫、磷含量比工程用结构钢要少,出厂时既保证了化学成分,又保证了力学性能。这类钢经热处理后具有良好的综合力学性能,主要用于制造各种重要的机器零件,如轴类、齿轮、连杆及弹簧等。常用的机器零件用优质碳素结构钢的牌号有25、30、35、40、45、50、60钢等。

③碳素工具钢。碳素工具钢是一种特殊质量非合金钢。它的编号用"T+数字"表示。其中"T"表示碳素工具钢,数字表示钢中平均含碳量的千分之几。如T8钢表示钢中平均含碳量为0.80%的碳素工具钢。

这类钢在冶炼时没有添加任何合金元素,是用来制造简单切削工具的非合金钢,其含碳量一般为0.65%~1.35%。从含碳量上看,其属于高碳钢;从质量上看,它是特殊质量非合金钢。碳素工具钢经"淬火+低温回火"后,可获得很高的硬度和耐磨性;但钢的脆性较大,韧性较差,与合金钢相比在热处理时淬透性和淬硬性差。一般用于制造截面较小、形状简单、切削速度较低的刀具和不太重要的模具和量具等。常用碳素工具钢牌号有T7、T8、T9、T10钢等。

工具钢与结构钢的主要区别表现在:工具钢都属于高碳钢,高的含碳量是为了保证钢淬火后获得高的硬度和耐磨性,而结构钢一般都属于中、低碳钢,经调质处理可获得良好的综合力学性能。

④其他非合金钢。其他非合金钢主要有易切削钢和铸造碳钢等。易切削钢的编号为"Y+数字",其中"Y"是"易"字的拼音字头,如Y20表示钢中平均含碳量为0.20%的易切削钢。对较高含锰量的易切削钢,在符号"Y"和阿拉伯数字后加锰元素符号,如Y40Mn。铸造碳钢的编号用"ZG+数字-数字",其中"ZG"表示"铸钢"两字的拼音字头,如ZG200-400,表示屈服点的强度不低于200MPa,最低抗拉强度为400MPa。

a. 易切削钢。易切削钢是在优质碳素结构钢的基础上,通过调整某些元素含量以改善钢的切削加工性能而得到的钢。这类钢属于中、低碳钢,调整成分前切削加工性不好,加工时易"粘刀"。在自动化或大批量生产时会严重影响加工效率。为此,在熔炼时适当提高硫的含量,同时也适当提高锰的含量,使钢内形成大量的 MnS 夹杂物,这些夹杂物在切削过程中起断屑作用,从而解决了"粘刀"问题,同时对刀具的磨损程度也大大降低,零件表面结构质量也比较容易保证。目前易切削钢主要用于制造受力较小、不太重要且大批生产的标准件,如螺钉、键、销等。常用易切削钢的牌号有 Y12、Y20、Y30、Y35 等。

b. 铸造碳钢。铸造碳钢是将钢水直接浇注成零件毛坯的碳钢。铸造碳钢的含碳量一般为 0.20% ~ 0.60%,若含碳量过高,会使钢的塑性变差,铸造时易产生裂纹。铸造碳钢具有较好的力学性能和良好的焊接性能,但其铸造性能不理想,铸钢件偏析严重,内应力大。因此,除在铸造工艺上采取适当措施外,还需要通过热处理来改善其组织和性能。铸钢一般用于很难用锻造或机械加工方法制造的形状复杂、力学性能要求较高的机械零件,如减速器壳体、汽车轮毂、轴承座等。常用铸钢牌号有 ZG200 - 400、ZG230 - 450、ZG270 - 500 及 ZG310 - 570 等。

② 低合金钢与合金钢

随着科技的发展,对钢性能要求也越来越高,如高速切削机床所用的刀具、长期在海水或腐蚀性介质中工作的零件等,非合金钢已不能满足要求,必须选用性能更优异的低合金钢或合金钢。由于合金钢的综合力学性能优于碳素钢,因此,在载荷大、强度要求高的场合,可用合金钢来制造,如汽车上的各种轴类零件、车架、齿轮、弹簧等。但合金钢的性能须经热处理才能体现。

低合金钢和合金钢是指为改善钢的某些性能(如力学性能、化学性能等)而在熔炼时特意加入某些合金元素的钢。常用合金元素有锰、铬、硅、镍、钨、钛和钒等。

(1)合金元素在钢中存在的形式。合金元素在钢中有两种存在形式:一种是形成合金铁素体;另一种是形成合金碳化物。

①合金铁素体。合金铁素体是指合金元素溶入铁素体的晶格中而形成固溶体。大多数合金元素可使铁素体产生固溶强化,使钢的强度、硬度升高,而塑性、韧性并不下降,只有当合金元素含量超过一定程度后,才会使塑性、韧性有所下降。

②合金碳化物。合金碳化物是指合金元素与钢中的碳化合,形成金属化合物。根据合金元素与碳的亲和力不同,它们在钢中形成的碳化物可分为合金渗碳体和特殊碳化物。合金渗碳体是合金元素溶入渗碳体的晶格中所形成的碳化物,如 $(Fe,Mn)_3C$、$(Fe,Cr)_3C$、$(Fe,Mo)_3C$ 等,这些碳化物的熔点、硬度、耐磨性及稳定性都比较高。特殊碳化物是指合金元素直接与碳化合而形成的一种新的

金属化合物,如 WC、TiC、VC 等,它们的稳定性最高,不易分解,熔点、硬度和耐磨性也最高,能显著提高钢的强度、硬度和耐磨性。

(2)低合金钢。

①低合金钢的分类。低合金钢按质量等级不同,分为普通低合金钢、优质低合金钢和特殊质量低合金钢(分类方法与非合金钢相同);按用途不同,分为工程结构用低合金钢(或称低合金高强度结构钢)、低合金耐候钢及其他专用低合金钢等。通常所说的低合金钢多为工程结构用低合金钢,如桥梁用钢、船舶用钢、大型管道用钢、压力容器用钢等。

②低合金钢的编号、性能及用途。工程结构用低合金钢的编号与碳素结构钢相似,采用钢的屈服点来表示,由"Q+屈服点数字+质量等级"组成,质量等级用 A、B、C、D、E 5 个,由 A~D 质量等级依次提高,只是屈服点数值比碳素结构钢高,如 Q345A 钢表示屈服强度不低于 345MPa,质量等级为 A 级的低合金结构钢;其他专用低合金钢的编号方法与工程结构用低合金钢基本相同,只是附加了一些特定的用途符号,如 Q235NH 表示低合金耐候钢,"NH"表示"耐候"。

③低合金钢的性能及用途。

a. 工程结构用低合金钢。这类钢是在碳素结构钢的基础上加入少量合金元素而构成的。合金元素以锰为主,此外还有钒、钛、铝、铌等。虽然加入的合金元素量不大,但由于加入的合金元素能强化铁素体、细化晶粒,从而其力学性能比碳钢要高得多,而且焊接性良好,价格与碳钢接近。因此,这种钢常用来制作压力容器、建筑钢筋、汽车车架、船舶等。常用工程结构用低合金钢的牌号有 Q295、Q345、Q390、Q420、Q460 等。

b. 低合金耐候钢。其简称耐候钢,是指耐大气腐蚀的钢。耐候钢是在低碳钢的基础上加入少量的铜、磷、铬、镍、钼、钛、钒等合金元素而构成的钢,这些元素会在钢的表面形成一层致密的氧化物保护膜,从而防止钢被进一步氧化。这类钢可用于桥梁、车辆、塔架等要求耐候性的工程结构。常用耐候钢的牌号有 Q235NH、Q295NH、Q355NH、Q295GNHL、Q345GNHL 等。

c. 其他专用低合金钢。为了适应某些特殊场合的特殊用途需要,在低合金高强度结构钢的基础上,通过调整化学成分及工艺方法,得到了一些低合金专业用钢,这类钢有:汽车低合金钢、低合金钢筋钢、铁道用低合金钢、矿用低合金钢等。它们的编号表示方法与工程结构用低合金钢相同,只是增加了表示用途的符号。部分专业用钢的用途符号见表4-1。

部分专业用钢中表示用途的符号　　表 4-1

名称	汉字	拼音字头符号	钢牌号中的位置
易切削结构钢	易	Y	牌号头
钢轨钢	轨	U	牌号头
汽车用车架钢	梁	L	牌号尾
矿用钢	矿	K	牌号尾
桥梁用钢	桥	Q	牌号尾
耐候钢	耐候	NH	牌号尾
高耐候钢	高耐候	GNH	牌号尾

（3）合金钢。

①合金分类。合金钢按质量等级不同可分为优质合金钢和特殊质量合金钢；按用途不同，分为合金结构钢、合金工具钢和特殊性能钢等。

②合金钢的编号。

合金结构钢的编号采用"2位数字 + 元素符号 + 数字"格式表示。前2位数字表示钢中平均含碳量的万分之几；元素符号及数字表示钢中主要合金元素及该元素平均含量的百分之几；当合金元素含量小于 1.5% 时不标含量。如 60Si2Mn，表示平均含碳量为 0.60%，平均含硅量为 2%，含锰量小于 1.5% 的合金结构钢。

合金工具钢的编号采用"一位数字 + 元素符号 + 数字"方法表示，前面一位数字表示钢的平均含碳量的千分之几，当含碳量大于或等于 1% 时，不标注；合金元素及含量的标注与合金结构钢相同。如 9SiCr 表示平均含碳量为 0.90%，硅、铬元素含量小于 1.5% 的合金工具钢。

特殊性能钢的编号表示方法与合金工具钢基本相同，如 3Cr13 表示平均含碳量为 0.30%，铬含量为 13% 的不锈钢。

③合金钢的性能及用途。

a. 合金结构钢。合金结构钢多为制造机器零件用钢，如用于制造齿轮、轴类、活塞销、蜗杆等。它按用途不同又可分为合金渗碳钢、合金调质钢和合金弹簧钢。

合金渗碳钢。这类钢的含碳量低，可保证零件心部有足够的塑性和韧性，加入合金元素后，可提高钢的淬透性，保证零件热处理后表层和心部均得到强化，具有表硬内韧的性能。它主要用于制造既有优良的耐磨性、耐疲劳性，又能承受冲击载荷作用的零件,如汽车发动机上的凸轮轴、活塞销、变速齿轮等。常用合金渗碳钢的牌号有 20Cr、20CrMnTi、20Mn2B 等。

合金调质钢。它是指经调质处理后具有良好力学性能的钢。这类钢属于中碳钢,加入合金元素后,能提高钢的淬透性和回火稳定性,经热处理后具有良好的综合力学性能。广泛用于制造齿轮、轴类零件、连杆、转向节、螺栓等。常用合金调质钢的牌号有 40Cr、45Mn2、40MnVB 等。

合金弹簧钢。它是一种专用结构钢,主要用于制造各种弹簧和弹性元件。这类钢属于中、高碳钢。加入合金元素后使合金弹簧钢具有高强度、高弹性极限和高的疲劳强度,以及一定的塑性、韧性。常用合金弹簧钢的牌号有 65Mn、60Si2Mn 等。

b. 合金工具钢。用于制作刃具、模具、量具的钢统称为工具钢。合金工具钢是在碳素工具钢的基础上加入一定的合金元素而构成的。这些合金元素在钢中一方面能提高钢的淬透性,细化晶粒;另一方面还会与钢中的碳化合形成合金碳化物,进一步提高钢的硬度、耐磨性、回火稳定性和尺寸稳定性;但塑性、韧性较差,其性能特点是硬而脆。常用合金工具钢的牌号有 9SiCr、W6Mo5Cr4V2、Cr12 等。

c. 特殊性能钢。它是指具有特殊物理性能或化学性能的一种高合金钢。常用的特殊性能钢有不锈钢、耐热钢和耐磨钢。

不锈钢。不锈钢是指能抵抗大气腐蚀、化学介质腐蚀的钢。不锈钢含碳量较低,主要加入了铬、镍元素,另外还加入了钼、铜、钛等合金元素。常用不锈钢主要有铬不锈钢和铬镍不锈钢。铬不锈钢中含有大量的铬元素,使钢表面形成一层致密的氧化膜,隔离了与外部介质的接触而避免金属被腐蚀,常用的铬不锈钢牌号有 1Cr13、2Cr13、3Cr13、4Cr13 等。铬镍不锈钢由于含有大量的铬、镍元素,使钢热处理后获得单一的奥氏体组织,从而使钢具有良好的塑性、韧性和耐腐蚀性。常用的铬镍不锈钢牌号有 0Cr18Ni9、1Cr18Ni9、1Cr19Ni9Ti 等。

耐热钢。它是指在高温下具有高的抗氧化性和保持较高强度的钢。高温抗氧化性是指钢在高温下其表层能迅速被氧化而形成一层致密的氧化膜,以阻止其被继续氧化的能力。由于非合金钢氧化后生成铁的氧化物松脆多孔,不能阻止钢被继续氧化。而当非合金钢中加入铬、铝、硅等合金元素后,却能氧化后形成一层致密、完整、高熔点的氧化膜,阻止钢被进一步氧化。此外,加入的合金元素可形成高熔点的合金碳化物,提高了钢的高温强度。常用的耐热钢牌号有 0Cr18Ni9、15CrMo、4Cr9Si2 等。

耐磨钢。它是指在强烈冲击和磨损条件下具有良好的韧性和高耐磨性的钢。典型的耐磨钢是高锰钢。此类钢中的含碳量为 1.0%～1.3%，含锰量为 11%～14%。热处理后硬度并不高，但塑性、韧性很好，在一般情况下并不耐磨，只有在受到强烈冲击和挤压时，表层因为塑性变形而产生强烈的加工硬化，硬化效果十分显著，耐磨性也得到显著提高，而心部仍保持高的塑性、韧性。由于碳、锰含量高，机械加工比较困难，且焊接性也差，因而基本上都是铸造成型。常用的高锰钢牌号有 ZGMn13-1、ZGMn13-2、ZGMn13-3 等。

3 铸铁

含碳量大于 2.11% 的铁碳合金称为铸铁。铸铁中，铁是基本元素，此外还含有碳、硅、锰、硫、磷等杂质元素。实际应用中碳含量都在 2.5%～4%。铸铁与钢相比，具有良好的铸造性、吸振性、耐磨性、切削加工性及良好的抗压性，生产成本低，但抗拉能力较差，脆性大，不可锻造加工，故被广泛用于制造机座、箱体、缸套等承压类零件。

(1) 铸铁的分类。铸铁中的碳主要以渗碳体(Fe_3C)和石墨(G)两种形式存在。

①按碳在铸铁中的存在形式分类可分为白口铸铁、灰铸铁和麻口铸铁。

a. 白口铸铁。碳主要以渗碳体的形式存在，因断口呈银白色而得名。这类铸铁硬而脆，难以切削加工，很少直接用于制造机器零件。

b. 灰铸铁。碳大部分或全部以游离的石墨形式存在，因断口呈暗灰色而得名，它是目前工业生产中应用最广泛的一种铸铁。

c. 麻口铸铁。碳大部分以渗碳体形式存在，少部分以游离态石墨形式存在，断口呈灰白色。这种铸铁很脆，工业上很少使用。

②按铸铁中的石墨形态分类可分为灰铸铁、可锻铸铁、球墨铸铁和蠕墨铸铁。

a. 灰铸铁。石墨以片状存在。

b. 可锻铸铁。石墨以团絮状存在。

c. 球墨铸铁。石墨以球状存在。

d. 蠕墨铸铁。石墨以蠕虫状存在。

(2) 铸铁的石墨化。铸铁中的碳以石墨形式析出的过程称为铸铁的石墨化。碳在铸铁中存在形式有两种，一是以渗碳体(Fe_3C)形式存在，另一是以石墨(G)形式存在。铸铁中碳以何种形式出现，主要取决于铸铁的成分和冷却速度。

石墨的析出有两种形式：一种是直接从液相中析出，当冷却到接近共晶温度

(1148℃)时,若冷却速度足够慢,液相中的碳原子相互聚集而形成石墨;另一种是先形成渗碳体,渗碳体再分解成石墨。由于渗碳体属于亚稳定相,而石墨是稳定相,渗碳体在高温下长时间保温时会发生分解,当铸铁冷却速度比较缓慢时,铸铁中的渗碳体会自动转化成石墨。若冷却速度较快,铸铁中的渗碳体会来不及分解而一直保留到室温,使铸铁形成白口组织。

(3)铸铁的编号、性能及用途。铸铁中的碳大部分以石墨的形式存在,不同的石墨形态对铸铁的性能起着决定性的作用,其牌号、性能及应用等见表4-2。

铸铁的种类、牌号及应用　　　　　　　　表4-2

类别	碳存在形态	牌号及说明	主要性能	应用
灰铸铁	片状石墨	"HT+数字"。如HT150表示最低抗拉强度为150MPa的灰铸铁	良好的铸造性、吸振性、耐磨性、切削加工性,承压能力较好,但抗拉强度较差	汽车变速器壳体、缸体、缸盖及轮毂等
可锻铸铁	团絮状石墨	KTH(或Z)+数字-数字。如KTH350-10表示最低抗拉强度为350MPa,断后伸长率不小于10%的铁素体可锻铸铁。H表示铁素体基体;Z表示珠光体基体	良好的铸造性、吸振性、耐磨性、切削加工性和承压性;具有较好的抗拉强度、塑性和韧性	汽车后桥壳、转向器壳、主减速器壳和差速器壳等
球墨铸铁	球状石墨	QT+数字-数字。如QT400-17表示最低抗拉强度为400MPa,断后伸长率不小于17%的球墨铸铁	良好的铸造性、吸振性、耐磨性、切削加工性和承压性;更好的抗拉强度、塑性和韧性	汽车曲轴、凸轮轴、连杆和齿轮等
蠕墨铸铁	蠕虫状石墨	RuT+数字。如RuT260表示抗拉强度不低于260MPa	抗热疲劳性、导热性和铸造性均比球墨铸铁好,易于得到致密的铸件。切削加工性和铸造性近似于球墨铸铁	活塞、制动盘、制动毂、飞轮等

二 有色金属材料

除钢铁以外的金属统称为有色金属。汽车上常用的有色金属主要有铜、铝及其合金等,近年来,镁及镁合金等新型材料也不断得到汽车制造厂商的青睐。有色金属具有钢铁材料所不具备的物理和化学性能,有一定的力学性能和较好的工艺性能,它是实现汽车轻量化的理想材料,因而在汽车工业中得到广泛应用。

1 铝及铝合金

(1)纯铝。

纯铝呈银白色,其密度小($2.72g/cm^3$),熔点低($660℃$),具有良好的导电性、导热性及塑性,但强度、硬度低,切削加工性和焊接性较差。由于铝合金表面能生成一层致密的氧化铝保护膜,阻止铝继续被氧化,因此铝在空气中具有良好的抗腐蚀能力。

纯铝的编号用"L + 顺序号"表示,其中"L"表示铝,如 L1、L2、L3 等,顺序号越大,纯度越低。纯铝主要用于制作导线、电气元件、汽车中的内外装饰件等。

(2)铝合金。

铝合金是冶炼时在纯铝中加入硅、铜、镁、锌、锰等合金元素而形成的。铝合金既保持了纯铝的耐蚀性好、质量轻等优点外,同时又大大提高了其熔点和力学性能,还可通过变形、热处理等方法进行强化处理,其强度甚至可超过钢的强度。铝合金依其成分和工艺性能不同,可分为变形铝合金和铸造铝合金。

①变形铝合金。它是指经过冷、热加工变形后,以锻坯、板材及其他型材的形式供应的铝合金。它可分为防锈铝合金(编号 LF + 顺序号)、硬铝合金(编号 LY + 顺序号)、超硬铝合金(编号 LC + 顺序号)、锻造铝合金(编号 LD + 顺序号)。这类铝合金具有较高的强度和良好的塑性,可通过压力加工或焊接制成各种半成品,但不能热处理进行强化。它在汽车中应用较少,主要用作各种类型的型材和结构件,如发动机机架、车轮、飞机大梁等。

②铸造铝合金。它是指用来制作铸件的铝合金。它可分为 Al-Si 系、Al-Cu 系、Al-Mg 系和 Al-Zn 系四大类。其编号用"ZL + 3 位数字"表示,其中"ZL"表示铸铝,第一位数字表示铝合金类别。铸造铝合金具有良好的铸造性能,可铸成各种形状复杂的零件,但塑性差,不宜进行压力加工。在汽车上,可用来制造汽缸体、汽缸盖、活塞、散热器片及装饰件等。

❷ 铜及铜合金

(1) 纯铜。纯铜又称紫铜,铜含量大于99.5%,外观呈紫红色。它具有良好的导电性、导热性、塑性及较好的耐腐蚀性,但强度较低,价格昂贵。汽车上除用来制作电器零件和导线外,还用来制造汽缸垫和进、排气歧管垫等密封件。工业纯铜编号用T1、T2、T3、T4表示,其中"T"为铜的汉语拼音字首,其后数字越大,纯度越低。

(2) 铜合金。由于纯铜的强度低,不宜作结构材料,为了改善其力学性能,在纯铜中加入适量的锌、锡、铝、锰、镍等元素形成的铜合金。铜合金分为黄铜、青铜和白铜,在普通机器制造中,应用较为广泛的是黄铜和青铜。

① 黄铜。以铜、锌为主组成的合金称为黄铜。黄铜具有良好的力学性能,易于加工成形,对大气有很好的耐蚀性。黄铜按化学成分不同,黄铜又可分为普通黄铜和特殊黄铜。

普通黄铜是铜锌二元合金,它的编号用"H+数字"表示,其中"H"为"黄"字汉语拼音的字头,数字表示平均含铜量的百分数,如H90表示铜平均含量为90%的普通黄铜。普通黄铜有良好的防腐蚀性,与纯铜接近,其具有良好的压力加工性能、铸造性、焊接性,但易形成集中缩孔。常用来制作汽车上的散热器、油管、油管接头等。

特殊黄铜是指在黄铜的基础上再加入其他合金元素所组成的多元合金。常加入的合金元素有锡、铅、铝、硅、锰等,相应称为锡黄铜、铅黄铜、铝黄铜、硅黄铜、锰黄铜等。特殊黄铜的编号用"H+主加元素的元素符号(锌除外)+铜含量的百分数+主加元素含量的百分数"表示,如HMn58-2表示铜平均含量为58%,锰平均含量为2%的锰黄铜。特殊黄铜用在汽车上易受磨损零件,如转向节衬套、钢板弹簧衬套等。

② 青铜。除了黄铜和铜镍合金以外的所有铜合金称为青铜,按主加元素种类的不同,青铜又可分为锡青铜、铝青铜和硅青铜等。青铜的编号用"Q+主加元素的元素符号及含量的百分数+其他加入元素的含量百分数"表示,其中"Q"表示"青"字汉语拼音的字头,如QSn4-4-4表示含锡、铅、锌各为4%,其余为铜的锡青铜。它具有良好的耐磨、耐腐蚀性能。可用于制造汽车上的轴承、蜗轮、齿轮及轴套等。

❸ 滑动轴承合金

用于制造滑动轴承的轴瓦及其内衬的合金称为滑动轴承合金。滑动轴承合金具有承压面积大、工作平稳、无噪声及拆装方便等优点,所以应用很广。理想的轴承合金组织结构是软基体上均匀分布着硬质点或硬基体上均布着软质点,如图4-1所示。

常用轴承合金按主要化学成分不同,分为锡基、铅基、铝基、铜基轴承合金等,前两者又称为巴氏合金。

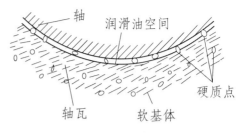

图4-1 滑动轴承合金的理想组织

(1)锡基轴承合金。锡基轴承合金也称锡基巴氏合金。它的组织结构主要是以锑溶于锡形成的软基体,以锑、铜与锡生成的化合物为硬质点。它具有优良的导电性和耐蚀性,但其疲劳强度低,价格较高。如ZSnSb11Cu6,Z表示铸造,合金元素含量分别为Sb11%、Cu6%,其余为Sn。

(2)铅基轴承合金。铅基轴承合金也称铅基巴氏合金。它的组织结构主要是以溶有锡、锑的铅为软基体,以锑、铜与锡生成的化合物为硬质点。各项性能指标均低于锡基合金,但价格较低,常用来替代锡基轴承合金。如ZPbSb16Sn16Cu2,合金元素含量Sb16%,Sn16%,Cu2%,其余均为Pb。

(3)铜基、铝基轴承合金。这两类轴承合金都属于硬基体与软质点组成的轴承合金。

铜基轴承合金是以铜为基础,加入适量的锡、铅、锌等元素组成的合金。它具有机械强度高、承载能力大、耐热性好的优点,但减摩性差。常用于制作高速、重载柴油机的曲轴轴瓦。

铝基轴承合金是以铝为基础,加入锡、铜等组成的合金。目前汽车上常用的是高锡铝基轴承合金;它具有耐磨性和导热性能好、抗疲劳强度较高,可靠性比锡基轴承合金好等特点。

汽车上的曲轴轴承、连杆轴承和凸轮轴轴承都采用了滑动轴承合金。

❹ 镁合金

镁合金是镁中加入锰、铝、锌、钍等合金元素后形成的合金。它具有密度小(只有铝的1/3)、质量轻、比强度和比刚度高、减振性好、抗冲击能力强的优点,且具有良好的切削加工性,是目前工程材料中密度最小的合金。镁的矿产资源丰富,当前汽车制造业中正逐步用镁合金替代铝合金,以迎合汽车轻量化、低碳趋势的一种新型的轻合金材料。它广泛应用于汽车、航天、轨道交通以及3C(计算机、通信、消费电子品)等领域。但由于轻量化汽车零部件的制造成本较高,在一定程度上制约了镁合金材料的发展。

镁合金分为铸造镁合金和变形镁合金两大类。铸造镁合金的编号用"ZM"

加顺序号,如 ZM1、ZM2、ZM5 等;变形镁合金的编号用"MB"加顺序号表示,如 MB1、MB2、MB15 等。目前常用的镁合金主要是镁—锰系、镁—铝—锌系和镁—锌—锆系等。

(1)镁—锰系合金。这类镁合金中主要的合金元素是锰,锰的主要作用是改善纯镁的抗蚀性。当合金中锰的含量在1.3%~2.5%时,对合金的力学性能没有不利的影响,但能使镁合金在海水中抗蚀性得到显著提高。镁—锰系合金力学性能不高,但抗蚀性和焊接性优于其他镁合金,主要用于生产板材、棒材等。

(2)镁—铝—锌系合金。这类合金中铝是主要合金元素,锌和锰是辅助元素。铝在合金中能起显著的固溶强化作用,锌的主要作用是补充强化,并改善合金的塑性;锰的主要作用是提高镁合金的抗蚀性,常用镁—铝—锌系合金有 MB2、MB3、ZM5 等。这类镁合金具有优良的热塑性变形能力和适中的焊接性,主要用于生产形状复杂的锻件和热挤压件。

(3)镁—锌—锆系合金。这类合金是一种高强度三元系镁合金。锌起固溶强化作用并形成强化相;锆可以细化组织,减慢合金的扩散速度,阻止晶粒长大。其具有良好的铸造性能、热加工性能和抗蚀性,但生产工艺较复杂,偏析倾向较大。可以热处理强化,均在淬火时效状态下使用。镁—锌—锆系合金可用作高强度铸造合金和变形合金,常用镁—锌—锆系合金有 ZM1、ZM2、MB15 等。可用于制造制造汽车离合器盖、轮毂、变速器壳体、手柄、转向盘等。

课题二 非金属材料

汽车上常用的非金属材料主要有塑料、橡胶、玻璃、陶瓷和碳纤维等。

一 塑料

塑料是以合成树脂为主要成分,加上多种添加剂(如增塑剂、增强剂、固化剂、稳定剂等)组成的高分子有机化合物。塑料密度小,具有良好的绝缘性、耐腐蚀性、隔热性和减磨性等特点,汽车上采用塑料制品有助于提高汽车安全性、舒适性和经济性。汽车上仪表面板、座椅、转向盘和油箱等都采用塑料制作而成。

塑料按受热后所表现的性能不同,可分为热塑性塑料和热固性塑料;按使用范围不同,又可分为通用塑料、工程塑料和耐高温塑料等。

1 热塑性塑料

热塑性塑料是指经加热后软化,并熔融成流动的黏稠液体,冷却后即成型固化。此过程是物理变化,可反复多次进行,其性能并不发生显著变化。这类塑料成型加工简便,具有较高的力学性能,但耐热性和刚性较差。常用的热塑性塑料有聚乙烯、聚丙烯和聚酰胺(尼龙)等。

❷ 热固性塑料

热固性塑料经加热后软化,冷却后成型固化并发生化学变化,再加热时不再软化。这类塑料耐热性好,受压不易变形,缺点是力学性能差,但可加入填料提高其强度。常用的热固性塑料有酚醛、环氧、氨基塑料等。

二 橡胶

橡胶是以生胶为原料,加入适量的添加剂(如硫化剂、软化剂、防老化剂和填充剂等)构成的高分子弹性材料。生胶的来源有两种:一种是从橡胶树浆汁中提取的天然橡胶;另一种是以石油、天然气等为原料化学合成的合成橡胶。按照生胶来源的不同,橡胶分为天然橡胶和合成橡胶两大类。

橡胶具有极高的弹性,良好的吸振性、耐磨性、绝缘性和密封性等优点;但导热性能差,抗拉强度低,易老化。

橡胶在汽车上可用于制作轮胎、胶带、胶管、减振配件和耐油配件等。

三 玻璃

玻璃是以二氧化硅为主要成分,并含有少量金属氧化物的无机物。玻璃具有透明、隔声、隔热、化学稳定性好等特点,但强度较低,易破碎。汽车上玻璃主要用作车窗、风窗玻璃及装饰件等。

❶ 汽车用玻璃

汽车用玻璃有钢化玻璃、夹层玻璃和安全玻璃、区域钢化玻璃等。

(1)钢化玻璃。钢化玻璃是由普通玻璃经一定热处理后制成的。钢化玻璃受撞击破碎时,形成无锐角的颗粒碎片,从而减少对人体的伤害,有较好的安全性。这类玻璃破碎时,呈一种连接状颗粒结构,减少了玻璃的透明度,而且在碰撞时会引起驾驶室乘员比较严重的头部损伤,故很少用于风窗玻璃。一般用于汽车侧面和后面的车窗上。

(2)夹层玻璃。夹层玻璃是在两层玻璃之间夹一层安全膜,从而将两层玻璃牢固黏结起来。一旦汽车发生撞碰事故,其碎片会黏在安全膜上,增加了行车安全性。目前,大多用于高级轿车的前风窗玻璃。

(3) 安全玻璃。汽车用安全玻璃是用无机材料或无机与有机复合材料所构成的产品。应用于车辆时,一旦发生车祸可以减小对乘员的伤害程度。

(4) 区域钢化玻璃。它是分区域控制钢化程度的钢化玻璃。这种玻璃一旦受到外力破坏使玻璃破碎时,会出现有的部分碎片大,有的部分碎片小,这样既可保证车内人员的安全,同时又提供了一个不妨碍驾驶的视区,从而可将车及时开到修理厂进行修理。

2 新型汽车玻璃

在保证安全性的前提下,人们不断追求多用途和外形美观的新品种,出现了天线夹层玻璃、调光夹层玻璃、热线反射玻璃、控制风窗玻璃、除霜玻璃等新型汽车玻璃。

(1) 天线夹层玻璃。它是将天线采用印制电路夹在玻璃中,用于电视机、收音机以及电话和导航等设备。针对信息量增大和对接收质量的高要求,在玻璃中夹装一种含有隐蔽天线的透明薄膜,这种玻璃在汽车上正在不断扩大使用。

(2) 调光夹层玻璃。随着汽车舒适性、居住性的提高,对车窗玻璃控制环境功能的要求也越来越高。调光夹层玻璃就是采用一种光的透射率和散射度可变的玻璃,达到遮挡太阳能、适当采光、隐蔽保护等功能。典型的调光夹层玻璃有镀铬玻璃(EC)、热玻璃(TC)、光致变色玻璃(PC)和液晶玻璃(LC)等。

(3) 控制风窗玻璃。这种玻璃具有雨点传感作用,其传感器可测出风窗玻璃上雨点大小,然后自动打开风窗玻璃上的刮水器,并根据雨水量的大小自动调整刮水器摆动速度。

(4) 电热除霜玻璃。采用网板印刷法将导电性胶印刷在玻璃上,利用印制电路可加热玻璃起除霜作用。也可利用喷涂法在普通玻璃表面上涂一层氧化钛、氧化锂之类的金属薄膜,利用通过微量电流而产生热量,使附在车窗上的冰霜受热融化,以改善车内人员的视线。

四 陶瓷

陶瓷是以天然矿物或人工合成的化合物为原料,经成型塑造和高温烧结而成的无机非金属固体材料。陶瓷的产品种类很多,性能各异,其共同特点是具有硬度高、耐腐蚀、耐高温、较好的电绝缘性和抗氧化性好等优点,但韧性差,易破碎。目前汽车上应用的陶瓷材料主要有普通陶瓷和特种陶瓷两大类。

现代汽车中,陶瓷用途不断获得拓展,除用于制作火花塞、传感器外,还被用来制作发动机部件或整机等,以达到提高发动机热效率、减轻自重等目的。

五 碳纤维

碳纤维(Carbon Fiber,CF)是由聚丙烯腈纤维、沥青纤维或粘胶纤维等经氧化、炭化处理制得的含碳量高于90%的无机高分子纤维,是一种新型的高性能纤维材料。目前,人们的技术还不能直接用碳或石墨来制成碳纤维。碳纤维的微观结构类似人造石墨,是一种纤维状的碳材料。

碳纤维强度比碳钢大、密度比铝小,有良好的耐腐蚀、耐高温性、导电性等;但脆性大,受力损坏后基本难以修复。汽车上可用于制作内外装饰件、传动轴、转向盘及车身等,从而实现汽车的轻量化。

碳纤维是21世纪新材料领域的高科技产品,是国防工业、汽车制造等方面的重要材料。

六 纳米材料

物质颗粒大小在三维空间中至少有一维处于纳米尺度范围(1~100nm),这相当于10~100个原子紧密排列在一起的长度,也即当物质颗粒小到纳米级后的物质被称为纳米材料。以原子或分子为起点,可设计出更强、更轻、可以自修复的结构材料,可使陶瓷材料、高分子材料等的强度提高数倍。

不同的纳米材料具有不同的性能,有的具有吸附、凝聚功能;有的能防垢、防附着;有的韧性佳;有的保温性好;还有的耐高温、耐摩擦、耐冲击等。而纳米技术就是利用纳米材料的这种奇妙性能,制造具有特定功能的零部件和产品的技术。

纳米材料是一种十分有效的催化剂、吸附剂(用于清洁)。用于军事,可做到多波段吸收而成为很好的隐身材料;作为涂料涂于材料表层,可提高材料的耐磨性、抗腐蚀性,延长材料的使用寿命;涂于玻璃表面,可使玻璃随外界温度变化而变色,成为智能窗。

大气污染一直是各国政府需要解决的难题,汽车尾气排放的二氧化硫、一氧化碳和氮氧化合物是影响人类健康的有害气体,纳米材料和纳米技术的应用能够最终解决产生这些气体的污染源问题,如纳米钛酸钴($CoTiO_3$)就是一种非常好的石油脱硫催化剂。

课题三　汽车运行材料

一　车用燃料

❶ 车用汽油

车用汽油是一种由石油经过直馏馏分和二次加工馏分调并加入必要添加剂而成的液体燃料,沸点范围为30～205℃。它是一种无色或淡黄色、易挥发和易燃液体,具有特殊的汽油芳香味。

(1)车用汽油的性能。

①对车用汽油的要求。车用汽油在汽油机工作过程中应满足以下要求。

a.能在极短时间内由液态蒸发成气态,与空气形成良好的可燃混合气。

b.在油路中不易形成"气阻"。

c.较好的抵抗爆震的能力。

d.燃烧后无沉积物,对发动机零件无腐蚀性。

e.不含机械杂质及水分。

f.对环境污染小等。

②车用汽油的使用性能及其对发动机性能的影响。车用汽油的性能及其对发动机性能的影响见表4-3。

车用汽油性能及其对发动机性能的影响　　表4-3

性能指标	含义	评定指标	对发动机性能的影响
挥发性	汽油由液体状态转化为气体状态的性能	馏程及饱和蒸气压	挥发性良好:与空气混合均匀,燃烧速度快,燃烧完全,发动机易起动。 挥发性太好:易产生气阻。 挥发性不好:汽化不完全,燃烧不完全,油耗、排污增加,会破坏缸壁润滑油膜,使磨损加剧
抗爆性	汽油在发动机汽缸内燃烧时防止产生爆震燃烧的能力	辛烷值	抗爆性好:不易发生爆震,可用于高压缩比发动机。 抗爆性差:易发生爆震,会使发动机机件过快磨损,噪声增大,动力性、经济性下降

续上表

性能指标	含义	评定指标	对发动机性能的影响
安定性	汽油在正常的储存和使用条件下,保持其性质不发生永久变化的能力	实际胶质和诱导期	安定性不好:易被氧化成胶状物质和酸性物质,堵塞喷油器喷嘴,燃烧不完全,易产生积炭
防腐性	汽油阻止其相接触的金属被腐蚀的能力	硫含量及酸度等	汽油中的硫、水溶性酸和碱等成分对金属有强烈的腐蚀作用
清洁性	汽油中是否含有机械杂质和水分的性质	机械杂质和水分	机械杂质和水分会造成油路堵塞,汽缸磨损加剧

(2)车用汽油的规格及牌号。车用汽油的规格及牌号见表4-4。

车用汽油规格及牌号　　　　　表4-4

规格	标准	牌号	研究法辛烷值(RON)
车用汽油(V)	《车用汽油》(GB 17930—2016)	89号、92号、95号、98号	89、92、95、98
车用乙醇汽油(E10)(V)	《车用乙醇汽油(E10)》(GB 18351—2017)	89号、92号、95号、98号	89、92、95、98

车用乙醇汽油(E10)是指在不添加含氧化物的车用乙醇汽油调和组分油中加入10%(体积分数)的变性燃料乙醇调和而成的用作车用点燃式发动机的燃料,我国部分省区的加油站有供应。

(3)车用汽油的选用。车用汽油的质量是影响汽车技术状况和汽车排放的重要因素。所以,对于车用汽油的选择,首先要选择质量指标符合国家规定要求的产品,然后结合汽车发动机产品说明书推荐的汽油牌号进行选用。

❷ 柴油

柴油机使用的燃料是柴油,柴油和汽油一样都是石油制品。在石油蒸馏过程中,温度在200～350℃之间的馏分即为柴油。柴油分为车用柴油和重柴油,汽车柴油机为高速柴油机,使用车用柴油。

(1) 车用柴油的使用性能。为了保证高速柴油机正常、高效地工作,普通柴油应具有良好的发火性、低温流动性、蒸发性、化学安全性、防腐性和适当的黏度等使用性能。

①发火性。它指柴油的自燃能力,用十六烷值评定。十六烷值越大,发火性越好,柴油越容易自燃。国家标准规定普通柴油的十六烷值不小于45。

②蒸发性。它指柴油蒸发汽化的能力,用柴油馏出某一百分比的温度范围(即馏程和闪点)来表示。比如,50%馏出温度即柴油馏出50%时的温度,此温度越低,柴油的蒸发性越好,蒸发性好的柴油能在短时间内同空气混合均匀,燃烧速度就能加快。

柴油的闪点指在一定的试验条件下,当柴油蒸气与周围空气形成混合气接近火焰时,开始出现闪火的温度。闪点低,蒸发性好。

③低温流动性。用柴油的凝点和冷滤点评定低温流动性。凝点是指柴油失去流动性开始凝固时的温度,而冷滤点则是指特定的试验条件下,在1min内柴油开始不能流过过滤器20mL时的最高温度。一般柴油的冷滤点比其凝点高$4\sim6℃$。

④黏度。黏度是评定柴油稀稠度的一项指标,与柴油的流动性有关。黏度随温度而变化,当温度升高时,黏度减小,流动性增强;反之,当温度降低时,黏度增大,流动性减弱。

⑤防腐蚀性和化学安全性。《车用柴油》(GB/T 19147—2016)中规定的实际胶质、10%蒸余物残炭和氧化安定性、总不溶物等三项指标,是柴油安全性的评定指标。柴油中的灰分、水分和机械杂质,是评定柴油清洁性的指标。

汽车柴油发动机应使用各项指标均符合国家标准的柴油。

(2) 车用柴油的牌号。我国车用柴油按低温流动性能指标(凝点)命名。根据《车用柴油》,分为5号、0号、-10号、-20号、-35号、-50号6个牌号;其凝点依次分别为不高于5℃、0℃、-10℃、-20℃、-35℃、-50℃。

(3) 车用柴油的选择。车用柴油选择按照风险率为10%的最低气温进行选用。部分地区风险率为10%的最低气温见表4-5。某月风险率为10%的最低气温值表示该月中最低气温低于该值的概率为0.1,或者说该月中最低气温高于该值的概率为0.9。掌握本地区风险率为10%的最低气温不仅是选择普通柴油牌号的依据,也是选择发动机润滑油、齿轮油和制动液的依据。

部分地区风险率为10%的最低气温(单位:℃)　　　　表4-5

省份	月份											
	1月	2月	3月	4月	5月	6月	7月	8月	9月	10月	11月	12月
江苏省	-10	-9	-3	3	11	15	20	20	12	5	-2	-8
浙江省	-4	-3	1	6	13	17	22	21	15	8	2	-3
广东省	1	2	7	12	18	21	23	23	20	13	7	2
广西壮族自治区	3	3	8	12	18	21	23	23	19	15	9	4
湖南省	-2	-2	3	9	14	18	22	21	16	10	4	-1
河南省	-10	-9	-2	4	10	15	20	18	11	4	-3	-8
四川省	-21	-17	-11	-7	-2	1	2	1	0	-7	-14	-19
云南省	-9	-8	-6	-3	1	5	7	7	5	-1	-5	-8
黑龙江省	-44	-42	-35	-20	-6	1	7	4	-6	-20	-35	-43
河北省	-14	-13	-5	1	8	14	19	17	9	1	-6	-12
山西省	-17	-16	-8	-1	5	11	15	13	6	-2	-9	-16
内蒙古自治区	-43	-42	-35	-21	-7	-1	4	1	-8	-19	-32	-41
青海省	-33	-30	-25	-18	-10	-6	-3	-4	-6	-16	-28	-33
甘肃省	-23	-23	-16	-9	-1	3	5	5	0	-8	-16	-22
陕西省	-17	-15	-6	-1	5	10	15	12	6	-1	-9	-15

气温低时应选用凝点低的普通柴油;反之,气温高时应选用凝点高的普通柴油。兼顾到经济性,一般选用普通柴油牌号的凝点应比车辆使用地区、季节风险率为10%的最低气温低4~6℃,以保证车辆在最低气温使用时不发生供油中断现象。具体选择时可见表4-6。

普通柴油牌号的选择　　　　表4-6

普通柴油牌号	适用于风险率为10%的最低气温在下列范围内的地区
0号	4℃以上
-10号	-5℃以上
-20号	-5~14℃

续上表

普通柴油牌号	适用于风险率为10%的最低气温在下列范围内的地区
-35号	-14~29℃
-50号	-29~44℃

❸ 汽车新能源

尽管石油制品的汽油和普通柴油有不尽人意之处,但是不能否认它们是综合素质优良的汽车能源。不过,石油资源总有一天要耗尽,因此必须开发汽车新能源,改善能源结构。目前,应用于汽车上的新能源有许多种,如压缩天然气(CNG)、液化石油气(LPG)、甲醇燃料、乙醇燃料、电能和氢能等。

(1)压缩天然气。天然气的主要成分是甲烷(CH_4)。按储存的压力和形态,天然气有常压气态、高压气态和液态之分,分别称为常压天然气、压缩天然气和液化天然气。目前应用于汽车上的是压缩天然气。采用压缩天然气为燃料的汽车称为压缩天然气汽车。压缩天然气的特点如下。

①热值高。相同体积的压缩天然气和汽油,因为密度低,所以压缩天然气的热值比汽油低。

②抗爆性能好。天然气的主要成分是甲烷,甲烷的研究法辛烷值(RON)为130。

③混合气发火界限高。天然气与空气混合后,具有很宽的发火界限。为发动机稀燃技术提供保证,从而进一步提高燃料经济性,降低排放。

④着火温度高。火焰传播的速度慢,需要较高的点火能量。

压缩天然气汽车发动机的燃料供给系统与汽油机不同,包括压缩天然气钢瓶、截止阀、压力表、电磁阀、减压阀、混合器等。

(2)液化石油气。汽车用液化石油气,是以丙烷(C_3H_8)、丁烷(C_4H_{10})为主要成分的石油产品,分车用丙烷和车用丙丁烷混合物两种。采用液化石油气为燃料的汽车称为液化石油气汽车。液化石油气的特点如下。

①热值高。以质量计算,热值高于汽油。

②抗爆性能好。液化石油气研究法辛烷值在100~110范围内。

③燃烧完全、积炭少、排放污染物低。液化石油气与空气混合均匀,有利于燃烧。

④着火温度高。火焰传播的速度慢,需要较高的点火能量。

液化石油气汽车发动机燃料供给系统包括储气瓶、电磁阀、预热器、混合器等。

（3）醇类燃料。醇类燃料汽车是指以甲醇（CH_4O）或乙醇（C_2H_6O）为燃料的汽车。甲醇可以从天然气、煤、石脑油、重质燃料、木材和垃圾等物质中提炼。乙醇的原料主要是含糖作物、含淀粉作物，如甘蔗、甜菜、薯类、玉米、小麦等。

醇类燃料的特点如下。

①辛烷值比汽油高，可采用高压缩比提高热效率。

②蒸发潜热大，使得低温起动和低温运行性能恶化。

③常温下为液体，操作容易，储带方便。

④可燃界限宽，燃烧速度快，可以实现稀燃技术。

⑤与传统发动机技术有继承性，特别是使用汽油—醇类混合燃料时，发动机结构变化不太大。

⑥热值低，甲醇的热值只有汽油48%，乙醇热值只有汽油64%。

⑦沸点低，蒸气压高，容易产生气阻。

⑧甲醇有毒。

⑨腐蚀性大。

⑩醇混合燃料容易发生分层，醇的吸水性强，混合燃料进入水后易分离为两相。

值得一提的是，世界上第一台内燃机是以甲醇为燃料的，但直到20世纪70年代以后醇类汽车才又得到重视。目前有多个国家和地区开发和应用了醇类汽车，尤其在盛产甘蔗的巴西，大部分汽车燃用纯乙醇或掺兑约20%的乙醇。在美国，有相当一部分商用汽油含有10%的乙醇。

（4）氢气。氢气可以通过电解水制取，主要来源于工业副产品。用氢气作为燃料的汽车称氢气汽车。

氢气的特点如下。

①热值高，热效率高。

②辛烷值高。

③燃烧后不产生有害气体。

④氢气生产成本高。

⑤气态氢能量密度小，储运不方便，液态氢技术难度大，成本高。

氢气在汽车上的应用主要是氢燃料汽车，氢燃料汽车是指以氢燃料作为动力源的交通工具，一般指氢燃料电池汽车和氢发动机汽车。其中，氢燃料电池汽车是通过燃料电池中的氧与氢反应来运行驱动电机，而氢发动机汽车则是通过氢发动机燃烧氢来提供驱动车辆的能量。由于氢是一种无次生污染、零碳且无污染的清洁能源,所以氢燃料汽车具备无污染、零碳排放的特点,并被广泛应用于乘用车、重型卡车、物流车、大中型客车等领域。

(5)电能。电能是二次能源,它可以来源于如风能、水能、核能、热能、太阳能等多种方式。以电能为动力的汽车称为新能源汽车。新能源汽车有蓄电池式和燃料电池式、太阳能电池式等。

电能特点如下。

①直接污染及噪声小。

②电能来源方式多。

③结构简单。

④比能低,汽车持续行驶里程短,动力性差。

⑤成本高。

⑥充电时间长。

从20世纪70年代开始,许多国家将研制开发电动汽车作为研制的重点。目前,世界上电动汽车的开发工作进展很快,混合动力电动汽车、纯电动汽车技术取得突破性进展,已走向实用阶段。

综上所述,21世纪的汽车能源将打破石油占绝对优势的局面。

二 车用润滑材料

1 发动机油

发动机要按规定加入一定量的性能指标满足要求的发动机油(俗称机油)。我国发动机油按发动机的类型分为汽油发动机油和柴油发动机油两大类。

(1)润滑油的组成。润滑油一般由基础油和添加剂组成。基础油是润滑油的主要成分,决定着润滑油的基本性质,添加剂则可弥补和改善基础油性能方面的不足,赋予某些新的性能,是润滑油的重要组成部分。

①基础油。润滑油基础油主要分矿物基础油及合成基础油两大类。矿物基础油应用广泛,用量很大(95%以上),但有些场合则必须使用合成基础油调配的产品,因而使合成基础油得到迅速发展。

矿物基础油是原油提炼过程中,在分馏出有用的轻物质(如航空用油、汽油等)后,剩下来残留的塔底油再经提炼而成。因矿物油无法在提炼过程中将所含的杂质完全除去,因此流动点较高,不适合寒带作业使用。

合成基础油来自原油中的瓦斯气或天然气所分散出来的乙烯、丙烯,经聚合、催化等繁复的化学反应炼制成大分子组成的基础油。因合成油不含杂质,其对热稳定、抗氧化反应、抗黏度变化的能力比矿物油好。

②添加剂。添加剂是近代高级润滑油的精髓,正确选用合理加入添加剂可改善其物理化学性质,对润滑油赋予新的特殊性能,或加强其原来具有的某种性能,使其满足更高的要求。一般常用的添加剂有黏度指数改进剂、抗氧化剂、洁净分散剂、摩擦缓和剂、油性剂、极压剂、抗泡沫剂、金属钝化剂、乳化剂、防腐蚀剂、防锈剂、破乳化剂、倾点下降剂。

③发动机油的作用。发动机油具有润滑、清洗、冷却、密封、防腐蚀、缓冲等作用。

(2)发动机油的使用性能。

①黏度。黏度是发动机油的主要性能之一。对于同一种发动机油来说,黏度不是常数,温度降低,黏度升高;温度升高,黏度减小。发动机油因温度变化而黏度改变的性质称为黏温性能。黏温性能好的油料,温度升降引起的黏度变化小。

发动机油在发动机中的作用不同,其对于黏度要求也各有不同。冷却和洗涤要求黏度小;密封则要求黏度高;起动时要求黏度小;在大负荷、高速行驶时要求黏度大一些。因此,在使用中必须全面考虑发动机油的黏度。下面就发动机油黏度过小或黏度过大进行分析。

发动机油黏度过小对发动机工作的影响如下。

a.密封作用差。由于发动机油黏度过小,不能在汽缸壁与活塞之间的缝隙中形成足够厚的油膜,这样没有完全燃烧的可燃混合气和废气将渗入曲轴箱,污染发动机油并使其变质。

b.油膜容易破坏、油耗增大。由于发动机油黏度过小,易从摩擦表面流失,并且悬浮在油内的炭粒、灰尘等杂质易沉积在摩擦机件的表面,致使机件磨损。同时,油料黏度过小,在高温下发动机油蒸发性加大,容易使汽缸壁上的发动机油窜入燃烧室,加大了发动机油的消耗。

发动机油黏度过大对发动机工作的影响如下。

a.降低发动机有效功率。高黏度的发动机油增加发动机油膜的厚度,增强液体润滑的可靠性。但是黏度过大时,克服发动机油内摩擦上的功率也越大,因而发动机可利用功率相应减小,燃料消耗会增大。

b.冷却和洗涤作用差。黏度过大的发动机油,单位时间内流过摩擦表面的油量减少,从摩擦机件中传导出的热量也减少,冷却作用减弱,从而易造成发动机过热。同时由于发动机油的循环速度慢,也减弱了把金属屑、炭粒、灰尘等从摩擦表面清洗的能力。

由此可见,发动机油必须具有适当的黏度,并且应结合具体条件来正确选用。

②抗氧化性。抗氧化性是指油料在储存和使用中抵抗氧化的能力。发动机油在储存和使用中,与空气中的氧气接触,会发生氧化反应,引起发动机油变质。常温下,氧化速度比较缓慢,但在高温时氧化速度明显加快,尤其是在曲轴强烈搅拌下,飞溅的发动机油滴蒸发成油雾,增大了与氧的接触面积,在金属催化作用下,使氧化反应变得非常激烈,并生成氧化物。发动机油中生成的氧化物,不仅会使发动机油的外观和理化性能发生变化,如颜色变暗、黏度增加、酸度增大等,还会引起机件磨损,破坏发动机正常工作,加速润滑油老化变质。因此,要求发动机油具有良好的抗氧化能力,特别是在高温下的抗氧化能力,又称热氧化稳定性。为减缓发动机油氧化变质,延长使用寿命,通常在发动机油中要加各种性能良好的抗氧添加剂。

③抗腐性。发动机油在氧化过程中会产生酸性物质,如各种有机酸等。这些物质在高温、高压下,且含有水分时,对金属有很强的腐蚀性。由于发动机的轴承合金对腐蚀性物质很敏感,特别是高速柴油机使用的铜铅、镉银和镉镍轴承,其耐蚀性很差,若发动机油中含有微量的酸性物质,就会引起严重腐蚀,使其表面出现斑点、麻坑,甚至剥落。因此,要求发动机油具有良好的抗腐性能。

发动机油的防腐性常用轴瓦腐蚀试验来评定,要求各级发动机油的轴瓦失质量不得大于其规定值。为提高发动机油抗腐性,通常采用的方法有:一是加深发动机油的精炼程度,以减少酸值;二是添加防腐剂。常用的防腐剂多为硫、磷有机盐,它能在轴承表面形成防腐保护膜,同时减少油中的氧化物,使轴承不受腐蚀。

④清净分散性。发动机油在使用过程中,因受到废气、燃气、高温和金属催化作用,会生成各种氧化物,它们与金属磨屑等机械杂质混在一起,在油中形成胶状沉积物。这些沉积物黏附在活塞、活塞环槽上,形成积炭和漆膜,或沉积下来形成油泥,堵塞油孔,从而使发动机散热不良、活塞环黏着、供油不畅,润滑不良,加剧机件磨损及增大油耗,并使功率下降等,因此发动机油应有良好的清净分散性。清净分散性是指能将发动机油中生成的胶状物、积炭等不溶物悬浮在油中,使其不易沉积在机件表面上,同时能将已沉积在机件上的胶状物洗下来的

性能。

发动机油的清净分散性通常是通过在发动机油中添加清净分散剂来提高的。目前,常用的有金属型清净分散剂和无灰型清净分散剂,它们不仅具有良好的清净分散效果,还有良好的抗氧化性能。

⑤抗泡沫性。发动机油消除泡沫的性质为发动机油的抗泡沫性。当发动机油受到激烈搅动,空气混入发动机油中时就会产生泡沫。如果不及时消除泡沫,则会产生气阻,造成供油不足等故障。因此,要求发动机油有良好的抗泡沫性,在出现泡沫后能及时消除,以保证正常工作。发动机油抗泡沫性的评定指标是泡沫性。

（3）发动机油的分类、规格及牌号。

①国外发动机油的分类。目前,国际上许多国家发动机油采用API(美国石油协会简称)质量分类法和SAE(美国汽车工程师协会简称)黏度分类法。

a. API质量分类法。根据发动机油的用途和使用性能的高低,分为汽油发动机的S系列、柴油发动机的C系列。S系列中有SA、SB、SC、SD、SE、SF、SG、SH、SJ等等级,可以根据需要增加等级,如SL、SM、SN。C系列有CA、CB、CC、CD、CE、CF-4、CG-4等等级,可以根据需要增加等级。等级关系如图4-2所示。

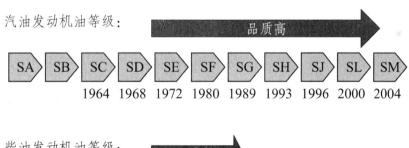

图4-2　API质量等级分类

b. SAE黏度分类法。将润滑油分成夏季用的高温型、冬季用的低温型和冬夏通用的全天候型。具体含义如下,其中,冬季用油有6个等级,夏季用油有5个等级,冬夏通用油有16个等级。按发动机油黏度大小,冬季用油分为:0W、5W、10W、15W、20W、25W等级,符号W代表冬季,W前的数字越小,其低温黏度越小,低温流动性越好,适用的最低气温越低。按发动机油黏度大小,夏季用油分为:20、30、40、50、60等级,数字越大,其黏度越大,适用的最高气温越高。冬夏通用油(也称多级油)分为:5W/20、5W/30、5W/40、5W/50、10W/20、10W/30、10W/40、10W/50、15W/20、15W/30、15W/40、15W/50、20W/20、20W/30、20W/40、20W/50,代表冬用部分的数字越小、夏季部分的数字越大者,其黏度越高,适用的气温范围越大。

②我国发动机油的分类。我国发动机油按其使用性能分成若干质量等级,每个质量等级又按发动机油黏度大小分成若干黏度等级。

a.质量等级。参照美国API质量分类法,汽油机油国家标准为《汽油机油》(GB 11121—2006),最高级别对应SL级,可以根据需要增加等级;柴油机油国家标准为《柴油机油》(GB 11122—2006),最高级别对应CI-4级,可以根据需要增加等级。质量等级越靠后,其使用性能越优良。

b.黏度等级。基本参照美国SAE黏度分类法。

③发动机油的牌号。发动机油的牌号由质量等级和黏度等级两部分组成。

④发动机油的规格。我国《汽油机油》(GB 11121—2006)规定了SC、SD、SE、SF、SD/CC、SE/CC、SF/CD等7个级别的汽油机油规格;《柴油机油》(GB 11122—2006)规定了CC、CD、CF、C-4、CH-4、CI-4等6个级别的柴油机油规格。

(4)发动机油的选用原则。发动机油的选用,首先根据车辆使用说明书或发动机的工作条件确定发动机油的质量等级;其次,根据车辆使用地区的气温情况选择合适的发动机油黏度等级。

①质量等级的选用。发动机油质量等级的选用必须严格按照汽车使用说明书的规定。在无车辆使用说明书的情况下,可根据发动机工作条件的苛刻程度,选用合适质量等级的润滑油。具体方法参照如下。

a.汽油发动机油质量等级的选用。汽油发动机工作条件的苛刻程度与发动机进、排气系统中有无附加装置及其类型有关,由此可按这些附加装置选用质量等级。一般选用厂家推荐等级即可,也可以高于厂家推荐。

b.柴油发动机油质量等级的选用。柴油发动机工作条件的苛刻程度可用柴油发动机强化系数来表示。强化系数越高,表示润滑油工作条件越苛刻,要求选用的润滑油质量等级越高。一般选用厂家推荐等级即可,也可以高于厂家推荐。

②黏度等级的选用。黏度等级的选用是根据车辆使用地区和季节气温来选择的。我国发动机油黏度等级与适用温度范围见表4-7。由于单级油不可能同时满足低温及高温的要求,因此只能根据当地季节气温适当选用;多级油的优越性是它的黏温性能好、适用温度范围宽。特别是在寒区短途运输低温起动较多时,其优越性更为明显。故应尽量选用多级油。

单元四 汽车常用材料

发动机油黏度等级与适用温度范围　　　　表 4-7

SAE 黏度级别	适用气温(℃)	SAE 黏度级别	适用气温(℃)
0W/20	-50~30	10W/40	-30~40
0W/30	-50~30	10W/50	-30~50
0W/40	-50~40	10W/60	-30~60
0W/50	-50~50	15W/40	-20~40
5W/20	-40~30	15W/50	-20~50
5W/30	-40~30	20W/50	-10~50
5W/40	-40~40	20W/60	-10~60
5W/50	-40~50	25W/60	-5~60
10W/30	-30~30	—	—

(5) 发动机油的使用注意事项。

① 如果不是通用油,则汽油发动机油不能用于柴油发动机上。同样柴油发动机油也不能用于汽油发动机上。不同牌号的润滑油不得混用。

② 质量等级较高的润滑油可替代质量等级较低的润滑油,反之则不能。

③ 经常检查润滑油的液面高度。检查时应使发动机处于水平位置,发动机停转几分钟后再进行,机油标尺上的油痕应在最高与最低刻度之间。

④ 注意车辆使用地区的气温变化,及时换用黏度等级适宜的发动机油。在满足使用要求的前提下,发动机油的黏度应尽可能选择小些。

⑤ 适时(定期或按质)换油。可按车辆使用说明书或该车型规定的换油里程要求换油。

⑥ 严防水分、杂质等污染发动机油。

2 车辆齿轮油

车辆齿轮油主要用于手动变速器、主减速器、差速器和转向器等齿轮传动机构的润滑。

(1) 车辆齿轮油的主要使用性能。车辆齿轮油的主要使用性能要求有:适宜的黏度和良好的黏温性能;良好的低温流动性;良好的氧化安定性;抗泡沫性好;对机件无腐蚀作用等。

(2) 车辆齿轮油的分类。我国车辆齿轮油按其使用性能分成若干质量等级,每个质量等级又按齿轮油黏度大小分成若干黏度等级。

①质量等级分类。目前国际上广泛采用美国 API 质量分类法,它是将车辆齿轮油分为 GL-1、GL-2、GL-3、GL-4、GL-5、GL-6 等 6 个等级。我国将车辆齿轮油分为普通车辆齿轮油(相当于 GL-3)、中等负荷车辆齿轮油(相当于 GL-4)、重负荷车辆齿轮油(相当于 GL-5)3 个等级。

②黏度等级分类。我国采用了美国 SAE 黏度分类法,把车辆齿轮油分为 70W、75W、80W、85W、90、140、250 等 7 个黏度等级。

(3)车辆齿轮油的选用。车辆齿轮油的选用通常按车辆使用说明书的规定选择,也可根据齿轮的工作条件和车辆使用地区的气温来选择。

①质量等级的选择。对于一般工作条件下的螺旋锥齿轮主减速器、变速器和转向器,可选用 GL-3 级齿轮油;对齿面滑移速度在 1.5~8m/s,工作条件比较苛刻,主减速器采用双曲面齿轮的传动中,可选用中等负荷车辆齿轮油(GL-4 级)齿轮油;通常进口或合资生产的轿车及大负荷货车,齿面滑移速度超过 10m/s,主减速器采用双曲面齿轮的传动中,可选用重负荷车辆齿轮油(GL-5 级)。

②黏度等级的选用。齿轮油的黏度等级应根据外界气温条件进行选择。车辆齿轮油黏度等级适用范围见表 4-8。

车辆齿轮油黏度等级适用范围 表 4-8

黏度等级	适用地区和温度范围
75W	黑龙江、新疆、内蒙古等 -26℃ 以下严寒地区冬季使用
80W/90	长城以北冬季气温在 -26℃ 以上地区全年通用
85W/90	-12℃ 以上地区全年通用
85W/140	重型车辆减速器用
90	-5℃ 以上地区全年通用

(4)车辆齿轮油的使用注意事项。

①不能将使用级别较低的车辆齿轮油用在要求较高的车辆上,但使用级别较高的车辆齿轮油可以用在要求较低的车辆上,只是经济上不合算。

②不要误认为高黏度的车辆齿轮油润滑性好。应尽可能使用合适的多级齿轮油。

③不同使用级别的车辆齿轮油不能混用。

④加油量要适当。

⑤应按规定的换油指标或按期换油。

3 汽车液力传动油

汽车自动变速器必须使用汽车液力传动油,简称 ATF,它是一种多功能工作液,其主要功能是动力传递、液压控制、润滑和冷却等。液力转向器也采用液力传动油作为动力传递介质。

(1)汽车液力传动油的组成。汽车液力传动油也是由基础油和添加剂组成。添加剂中除了抗氧剂、防锈剂等外,还有其特有的抗橡胶溶胀剂和摩擦调整剂。

(2)我国汽车液力传动油的规格。我国目前液力传动油规格尚无国家标准,现行标准是中国石化总公司企业标准,该标准将液力传动油分为 6 号、8 号两个牌号;还有按企业标准生产的 4608 号合成液力传动油。6 号液力传动油适于内燃机车和重型货车的自动变速器和液力耦合器,相当于国外 PTE-2 类液力传动油。8 号液力传动油适用于轿车和轻型货车的自动变速器,相当于国外 PTE-1 类液力传动油。

(3)国外汽车液力传动油的规格。

①汽车液力传动油的分类。自动变速器油的规格主要是以美国材料试验协会(ASTM)和美国石油学会(API)所定的液力传动油分类(PTE)为主,按使用将自动变速器油分为 PTE-1、PTE-2、PTE-3 三类。其中 PTE-1 类主要用于轿车、轻型货车作自动传动装置的传动油,此类油的低温起动性要求较高;PTE-2 类油用于重负荷装置的半自动和全自动传动装置的传动油,对极压、抗磨性能要求较高;PTE-3 类油主要用在农业和建筑业中低速运转的变矩器中,对极压、抗磨性能要求更高。满足 PTE-1 类规格要求的液力传动油有美国通用汽车公司 DexronⅡ,福特汽车公司 M2C33-F 或 G、M2C138-CJ、M2C166-H,克莱斯勒 MS-3256 或 4228。满足 PTE-2 类规格要求的液力传动油有美国通用汽车公司 Track 和 Coach,埃里森公司 Allison C-2、C-3 等。

②汽车液力传动油的典型规格。

a. 通用汽车公司的自动变速器用液力传动油。主要规格有 Dexron、DexronⅡD、DexronⅡE、DexronⅢ。

b. 福特汽车公司的自动变速器用液力传动油。主要规格有 Mercont、New Mercon 和 Mercon V。

c. 埃里森公司重负荷液力传动油。主要规格有 Allison C-3 或 C-4。

(4)汽车液力传动油的选择。

①按照车辆使用说明书的规定来选择。

②一般轿车和轻型货车自动变速器都选用符合通用公司 Dexron 规格的液力

传动油,常用的是 DexronIID,电控自动变速器可选低温性能优良的 DexronIIE 或 DexronIII。

③重负荷车辆的自动变速器可选用埃里森公司 Allison C-3 或 C-4 规格的油。

④国产 8 号液力传动油可用于轿车和轻型货车的自动变速器。国产 6 号液力传动油可用于重型货车、工程机械的液力传动系统。

(5)汽车液力传动油的使用注意事项。

①注意保持油温正常(正常油温为 80~85℃)。

②经常检查油位。车辆停放在水平地面上,发动机怠速运转,油温在正常范围内时,油位应在自动变速器油标尺上的热态油位。自动变速器油位不能过高或过低,否则会使自动变速器发生故障。

③按照车辆使用说明书的规定更换液力传动油和过滤器(或清洗滤网),同时拆洗自动变速器油底壳。

④检查油位和换油时,注意油液的状况。

⑤不同牌号、不同品种的液力传动油不能混用,同牌号、不同厂家生产的也不能混用。

❹ 润滑脂

润滑脂是将稠化剂分散于液体润滑剂中所得到的一种稳定的固体或半固体产品。它一般由基础油、稠化剂、添加剂及填料三部分组成。一般基础油为 75%~90%,稠化剂为 10%~20%,添加剂及填料在 5% 以下。

润滑脂在汽车上主要用于车轮轮毂轴承、无密封壳体的各活动部位处的润滑。

润滑脂的种类有:钙基润滑脂、钠基润滑脂、汽车通用锂基润滑脂、极压复合锂基润滑脂、石墨钙基润滑脂等。汽车上通常采用汽车通用锂基润滑脂。

三 车用工作液

❶ 汽车制动液

制动液是用于液压制动系统和液压式离合器操纵系统能量传递的介质,必须具有适应现代汽车的性能要求,以保证汽车行驶安全。

(1)制动液的主要使用性能。制动液的主要使用性能要求如下。

①良好的高温抗气阻性能,平衡回流沸点较高。平衡回流沸点是指制动液在平衡回流状态(在蒸馏烧瓶上装上回流冷凝器并加热使瓶中制动液沸腾)下液

体部位的温度。平衡回流沸点的高低,反映了制动液的高温抗气阻能力的好坏。由于车辆频繁制动及高强度制动,产生的摩擦热量会使制动系统发热,如果制动液平衡回流沸点低,容易使制动液在管路内蒸发,产生气阻,引起制动不灵。

②适宜的高温黏度和良好的低温流动性。

③吸湿性低,与橡胶有良好的配互性,抗氧化和抗腐蚀性能好等。

(2)制动液的分类和规格。

①国外制动液的规格。

a.美国联邦政府运输安全部(DOT)制定的联邦机动车辆安全标准(FMVSS),具体是 FMVSS No.116 DOT3、DOT4、DOT5,数字越大其平衡回流沸点越高,高温抗气阻性越好,行车制动安全性越高。这是世界公认的汽车制动液通用标准。

b.美国汽车工程师学会标准(SAE),具体是 SAE J1703e 和 SAE J1703f 等。

②国内制动液的分类和规格。

国产制动液按其所用原料不同分类,有醇型、矿油型和合成型三种。目前汽车使用的制动液主要是合成型制动液。依据《机动车辆制动液》(GB 12981—2012),制动液分为 HZY3、HZY4、HZY5、HZY6 四级,分别对应国际标准 ISO 4925:2005 中的 Class3、Class4、Class5、Class6。其中,HZY3、HZY4、HZY5 对应于美国交通运输部制动液类型的 DOT3、DOT4、DOT5。随着序号的增加,其低温性能逐渐下降,高温抗气阻性能逐渐升高。制动液使用范围参见表4-9。

制动液推荐使用范围　　　　表4-9

质量等级	制动液使用范围
HZY3	良好的高温抗气阻性能和优良的低温性能,相当于DOT3,我国广大地区使用
HZY4	良好的高温抗气阻性能和优良的低温性能,相当于DOT4,我国广大地区使用
HZY5	优异的高温抗气阻性能和低温性能,相当于DOT5,有特殊要求的车辆使用

(3)制动液的选用。制动液的选择应坚持两条原则:一是选择合成制动液;二是质量等级以 FMVSS No.116 DOT 标准为准。严格按照车辆使用说明书的规定,选用合适等级的制动液,以确保行车安全。无说明书时,可根据车辆的工作

条件进行选择。

(4) 制动液的使用注意事项。

①各种制动液不能混用,否则会因分层而失去制动作用。

②加注或更换制动液时要注意清洁,制动液须经过过滤,不允许细微杂质混入制动系统。

③注意防潮。存放制动液的容器应当密封,防止水分混入和吸收水汽使沸点降低;更换下来和装在未密封容器内的制动液不能继续使用。

④定期更换制动液。一般情况下应在使用1~2年时进行更换,以防制动液吸湿后影响制动性能。更换制动液应在每年雨季过后进行。

⑤制动液属易燃品,应注意防火。

❷ 冷却液

冷却液是发动机冷却系统中重要的工作介质,汽车使用的冷却液有水冷却液和加有防冻剂的防冻冷却液。

(1) 水冷却液。

水冷却液是指直接用水作发动机的冷却液。它的特点是简单、方便,但易结冰、结垢、沸点低。

水在0℃时会结冰,如果发动机水冷却系统中的冷却液结冰,将会使冷却液终止循环而影响发动机正常工作,甚至可能会使汽缸体、汽缸盖和散热器等因为水结冰时体积膨胀而胀裂;冷却水最好选用软水,即含矿物质少的水(如雨水、雪水、自来水等),否则易在水套内产生水垢,使汽缸体和汽缸盖的导热性能变差,造成发动机过热;水的沸点低,容易蒸发,需经常添加。

(2) 防冻冷却液。

防冻冷却液是一种含有特殊添加剂的冷却液,起冷却、防冻、防锈、防积水垢和提高冷却液沸点等作用,现代汽车发动机普遍采用防冻冷却液,即防冻液。

①防冻液的品种和牌号。

防冻液主要由防冻剂和软化水按一定比例混合而成。目前,国内外发动机使用的冷却液几乎都是乙二醇型冷却液。

乙二醇是一种无色黏稠液体,能与水以一定比例混合,沸点为197.4℃,冰点为-11.5℃,与水混合后还可使防冻液的冰点显著降低(最低可达-68℃)。

乙二醇型防冻液是用乙二醇作为冷冻剂,与水、防腐剂、染色剂等多种添加剂配制而成。用不同比例的乙二醇和水混合可配制不同冰点的防冻液。这类防冻液沸点高、冰点低、冷却效率高,但有毒性、对金属有腐蚀作用,故使用中应注意安全。

国外冷却液的标准有 ASTM D3306、SAE J1304、MIL-A-46153B 和 JIS K2234。我国冷却液标准是《机动车冷却液 第1部分:燃油汽车发动机冷却液》(GB 29743.1—2022)。

按发动机使用负荷大小,燃油汽车发动机冷却液分为轻负荷冷却液和重负荷冷却液两类。

按主要原材料,燃油汽车发动机冷却液分为四类:a.乙二醇型冷却液(以乙二醇作为防冻剂,冰点不高于-5℃的冷却液);b.1,2丙二醇型冷却液(以1,2丙二醇作为防冻剂,冰点不高于-25℃的冷却液);c.1,3丙二醇型冷却液(以1,3丙二醇作为防冻剂,冰点不高于-25℃的冷却液);d.其他类型冷却液。

按含水量,燃油汽车发动机分为冷却液浓缩液和冷却液稀释液:冷却液浓缩液是为了便于储运,使用时应根据产品说明书规定的比例,用蒸馏水或去离子水稀释;冷却液稀释液按其冰点不同,分为-25、-30、-35、-40、-45、-50共6个牌号,可根据需求直接加入发动机中使用。

②乙二醇型防冻液的选用。

乙二醇型防冻液的牌号是按冰点来划分的,选用时应根据车辆使用地区冬季的最低气温来选择合适的牌号。为防意外,选用的防冻液冰点应比最低气温低10℃左右。

③乙二醇型防冻冷却液使用注意事项。

a.车辆首次使用乙二醇型防冻液时,应将散热器中原有的水放尽,最好能用散热器清洗剂将其中的水垢和沉淀物清除,其加入量一般为散热器容量的95%。

b.防冻液和添加剂均为有毒物质,使用中应注意安全。

c.定期检查冷却液液面高度,并适时补充冷却液。乙二醇型防冻液使用一段时间后,会因蒸发而使液面下降,此时可补充蒸馏水或去离子水使其保持原有量,在补充数次后,考虑到添加剂的损耗,应补充同型号的冷却液。补充冷却液时,应在发动机关闭后处于冷却状态时进行,否则热水喷出会伤人。

d.根据行驶里程或时间长短来更换发动机冷却液,因为难以通过目视来判断它的变质程度,更换周期一般为每40000km或1~2年,具体参见各车型的维修手册。

e.不同牌号的防冻液不可混合使用。

❸ 汽车空调制冷剂

在制冷系统中用于转换热量并循环流动的物质称为制冷剂。目前汽车空调系统中使用的制冷剂有 R12、R134a 两种,其中字母"R"是 Refrigerant(制冷剂)的简称。世界各国都统一使用美国制冷工程师学会(ASRE)编制的制冷剂代号系统。R12 制冷剂无色、无味、无臭。当 R12 在空气中的浓度达到 20% 时,人能感觉到;当它的浓度达到 80% 以上,则会引起窒息。R12 不会燃烧和爆炸,但与明火接触时能分解出有毒的光气。R12 沸点低,在一个大气压力下为 -29.8℃。R12 与水的溶解性很小而极易溶解压缩机润滑油,它对金属和橡胶一般无腐蚀作用。R12 会对大气臭氧层起破坏作用,引起地球的温室效应。

1987 年国际上制定了控制破坏大气层的《蒙特利尔协议》,我国于 1996 年加入该协议,并决定从 1996 年起,空调上的制冷剂改用 R134a。这主要是由于 R134a 不含氯原子,对臭氧层无破坏作用,温室效应小,其热力性质稳定并与 R12 相近。R134a 在一个大气压力下沸点为 -26.18℃,它与 R12 相似,具有无色、无味、无臭、无毒、渗透性强的特性,但它能腐蚀某些塑料,与聚烷乙二醇润滑油混合后还会腐蚀钢,在液态时能吸少量的水,而在气态时能吸收大量水分。R134a 不适合用于 R12 的空调系统,如果将 R134a 误加注到 R12 空调系统,将会出现如压缩机工作不正常和制冷剂泄漏等问题。

四 车用轮胎

轮胎是汽车的重要部件,它是汽车上橡胶用量最大的橡胶零件,它的性能对汽车的动力性、制动性、行驶稳定性、平顺性、越野性、安全性和燃料经济性等都有着直接影响。

1 轮胎的分类

轮胎根据分类标准不同,有以下类型。

(1) 根据气压高低的不同,分为高压胎(0.5~0.7MPa)、低压胎(0.2~0.5MPa)和超低压胎(小于0.2MPa)。

充气轮胎通常充入的是空气,但现代轿车普遍使用氮气轮胎。氮气几乎为惰性的双原子气体,化学性质极不活泼。氮气轮胎具有以下优点。

①提高轮胎行驶的稳定性和舒适性。
②防止爆胎和缺气碾行。
③延长轮胎使用寿命。
④减少油耗,保护环境。

(2) 根据花纹不同,分为普通花纹轮胎、混合花纹轮胎和越野花纹轮胎(图4-3)。

a)普通花纹轮胎　　b)普通花纹轮胎　　c)混合花纹轮胎　　d)越野花纹轮胎　　e)越野花纹轮胎

图 4-3　各种花纹的轮胎

(3)按内胎有无,分为有内胎轮胎和无内胎轮胎。

(4)根据帘线材料不同,分为人造丝(R)轮胎、棉帘线(M)轮胎、尼龙(N)轮胎和钢丝(G)轮胎。

(5)根据帘线排列方式的不同,分为普通斜交轮胎和子午线轮胎(图4-4)。

a)普通斜交轮胎　　b)子午线轮胎

图 4-4　普通斜交轮胎与子午线轮胎

子午线轮胎在结构上除帘布层帘线的角度和缓冲层的强度与斜交轮胎不同外,其他均与斜交轮胎基本相同。

子午线轮胎帘布层帘线排列的方向与轮胎横断面一致,即与胎面中心线成90°。帘线的这种排列很像地球上的子午线,故称为子午线轮胎。这种结构可使轮胎强度充分发挥,故它的帘布层层数比普通轮胎可减少将近一半,且没有偶数限制,轮胎特别柔软。其次,因缓冲层层数较多,极大地提高了胎面的刚度和强度。

子午线轮胎的上述结构特点,使其具有更加优越的性能:耐磨性好、使用寿命长、滚动阻力小(比斜交轮胎小25%~30%)、节约燃料(比斜交轮胎节油6%~8%)、承载能力强、减振性能和附着性能好、胎面耐刺穿、自重轻等;但子午线轮胎的胎侧易裂口,侧面变形大,使汽车侧向稳定性较差。

(6)按轮辋宽度,分为标准宽轮胎、宽轮辋轮胎。

❷ 充气轮胎的结构

(1)有内胎轮胎的结构。

有内胎轮胎由外胎、内胎和垫带组成。

外胎是轮胎的主要组成部分,它是用耐磨橡胶以及帘线制成的强度较高而又有弹性的外壳,直接与地面接触,保护内胎使其不受损伤,主要由胎面、胎圈等组成(图4-5)。

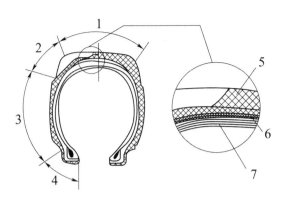

图 4-5 轮胎外胎的组成

1-胎冠;2-胎肩;3-胎侧;4-胎圈;5-胎面;6-缓冲层(带束层);7-帘布层

内胎(图 4-6)是一个环形的橡胶管,上面装有气门嘴,以便充入或排出空气,其自由尺寸稍小于外胎内壁尺寸,主要起密封作用,强度很低,单独几乎不能承载。垫带是一个环形的橡胶带,它垫在内胎与轮辋之间,保护内胎不被轮辋和胎圈磨坏,还可防止尘土及水汽侵入胎内。

(2)无内胎轮胎的结构。

无内胎轮胎的外形与有内胎轮胎的外形近似,所不同是的空气直接充入外胎中,其密封性是由外胎和轮辋来保证的,如图 4-7 所示。

a)内胎　　　　b)垫带

图 4-6 内胎与垫带

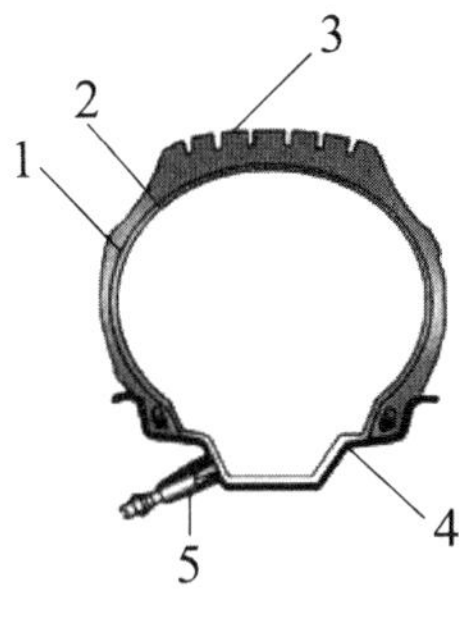

图 4-7 无内胎轮胎结构

1-橡胶密封层;2-自黏层;3-槽纹;4-轮辋;5-气门嘴

无内胎轮胎的内壁上有一层橡胶密封层,有的在该层下面还有一层自黏层(能自行将刺穿的孔黏合),这些措施是为了提高胎壁的气密性。在胎圈外侧也有一层橡胶密封层,用以增加胎圈与轮辋之间的气密性。轮辋底部是倾斜的,并涂有均匀的漆层。气门嘴固定在轮辋一侧,用橡胶垫圈和螺母旋紧密封。

无内胎轮胎一旦被刺破,穿孔不会扩大,并漏气缓慢,胎压不会急剧下降,仍能继续行驶一定距离,可消除爆破危险。因无内胎,摩擦生热少、散热快,适用于高速行驶。此外,结构简单,质量较小,维修也方便。但密封层和自黏层易漏气,途中修理也较困难。

无内胎轮胎必须配用深式轮辋,在轿车上应用较普遍。

❸ 轮胎规格的表示方法

一般用轮胎的外径 D,轮辋的直径 d,断面宽度 B 和断面高度 H 的公称尺寸来表示轮胎的基本尺寸,如图4-8所示。基本尺寸的单位有英制、米制和米英制混合3种。轮胎的其他性能用字母表示。目前,常用的表示方法有:高压胎一般用2个数字中间加"×"号表示,可写成 $D \times B$。由于 B 约等于 H,故选取轮辋直径 d 时可按 $d = D - 2B$ 来计算。

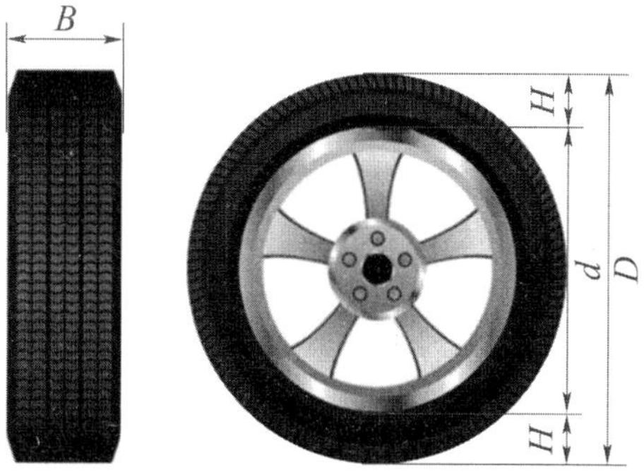

低压胎由2个数字中间用"-"号分开表示,写成 $B\text{-}d$。例如:9.00-20,第一个数字表示轮胎断面宽为9in(英寸);第二个数字表示轮辋直径为20in;中间的"-"表示低压胎。同样的轮胎,米制可写成260-20。

图4-8 一般轮胎的基本规格尺寸含义

超低压胎主要指轿车轮胎,表示方法同低压胎。凡轮辋直径 d 在15in以下的为超低压胎,如7.00-14。

随着子午线和扁平形轮胎的问世,轮胎规格出现了一些新的尺寸参数,如扁平率、速度等级和载荷指数等。

(1)带有扁平率和功用标识的轮胎规格表示方法。对于一般汽车轮胎,$B \approx H$,断面呈圆形。但扁平轮胎断面 $H < B$,有的甚至差别很大,因此必须加以表示。通常以轮胎断面高和宽的比值 H/B 作为一个参数标注在轮胎上,称为扁平率;也有的把用途标在最前面(图4-9)。

$$\text{轮胎扁平率} = \frac{\text{轮胎断面高}}{\text{轮胎断面宽}} \times 100\% \tag{4-1}$$

(2)带有速度等级标识的轮胎规格表示方法。有的轮胎还标出所适用的车速;例如:P175/70HR13表示轿车用轮胎宽175mm,扁平率为70($H/B = 0.7$),"H"表示最高限速为210km/h,轮辋直径为13in的子午线轮胎。轮胎的速度等级见表4-10。

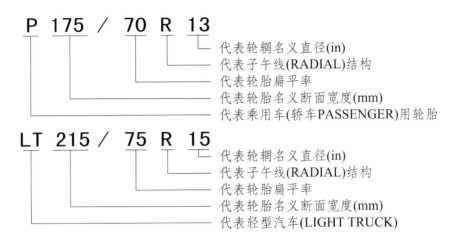

图4-9 带扁平率的轮胎规格

轮胎速度代号与其相应的最高限速　　　表4-10

速度代号	速度（km/h）	速度代号	速度（km/h）	速度代号	速度（km/h）	速度代号	速度（km/h）	速度代号	速度（km/h）
A1	5	B	50	L	120			U	200
A2	10	C	60	M	130			H	210
A3	15	D	65	N	140			V	240
A4	20	E	70	P	150			Z	240以上
A5	25	F	80	Q	160			W	270以下
A6	30	G	90	R	170			Y	300以下
A7	35	J	100	S	180			—	—
A8	40	K	110	T	190			—	—

(3)带有载荷指数等级标识的轮胎规格表示方法。这种轮胎的胎侧除了标有以上提到的一些参数之外,还标出这条轮胎相应的最大限制载荷,如比亚迪宋 DMI Plus 轮胎 235/50R119 99V,其中 99 是载荷指数,该数值与其对应最大承受载荷对照表见表4-11,V 是速度等级,表明轮胎在规定条件下承载规定负荷的最高速度。字母 A 至 Z 代表轮胎从 4.8km/h 到 300km/h 的认证速度等级。常用的速度等级有 Q:160km/h;H:210km/h;V:240km/h;W:270km/h;Y:300km/h。

常用轮胎载荷指数与最大限载质量对照表　　　　表4-11

载荷指数	每条轮胎载重(kg)	载荷指数	每条轮胎载重(kg)	载荷指数	每条轮胎载重(kg)	载荷指数	每条轮胎载重(kg)	载荷指数	每条轮胎载重(kg)
62	265	75	387	88	560	101	825	114	1180
63	272	76	400	89	580	102	850	115	1215
64	280	77	412	90	600	103	875	116	1250
65	290	78	425	91	615	104	900	117	1285
66	300	79	437	92	630	105	925	118	1320
67	307	80	450	93	650	106	950	119	1360
68	315	81	462	94	670	107	975	120	1400
69	325	82	475	95	690	108	1000	121	1450
70	335	83	487	96	710	109	1030	122	1500
71	345	84	500	97	730	110	1060	123	1550
72	355	85	515	98	750	111	1090	124	1600
73	365	86	530	99	775	112	1120	125	1650
74	375	87	545	100	800	113	1150	—	—

此外,有的轮胎还标有层级数,用"PR"表示。它不代表实际层数,只表示可承受的载荷。一般标在轮辋直径后,用"-"相连。例如:9.00-20-12PR,表示可承受相当于12层棉帘线的负荷。有的在层级后面又标明帘线材料类型,我国的代号为 M——棉帘布;R——人造丝帘布;N——尼龙帘布;G——钢丝帘布;ZG——钢丝子午线帘布轮胎。

❹ 轮胎的合理使用

合理使用轮胎,可降低轮胎磨损,防止不正常的磨损损坏,延长轮胎的使用寿命。在汽车使用中应做到:合理搭配轮胎、掌握胎压、注意胎温、严禁超载、保持车况良好、合理控制车速、正确驾驶等。

课题四　汽车零件选材

汽车材料在汽车制造过程中起着重要的作用,不同的材料决定了汽车的性能、安全性、舒适度和环保性能。因此,在汽车设计和制造过程中选择合适的材料至关重要,可以提升汽车的整体品质和竞争力。汽车零件选材见表4-12。

汽车零件选材 表4-12

汽车零部件	序号	名称	图例	材料
发动机	1	汽缸盖		优质灰铸铁或合金铸铁铸造
	2	汽缸垫		金属—石棉汽缸垫或实心金属片
	3	汽缸体		铝合金
	4	油底壳		铝合金
	5	凸轮轴		高强度合金钢或铸铁
底盘	1	制动盘		灰铸铁
	2	离合器膜片弹簧		弹簧钢或高强度合金钢

续上表

汽车零部件	序号	名称	图例	材料
底盘	3	横向稳定杆		碳素钢、不锈钢、合金钢
底盘	4	下摆臂	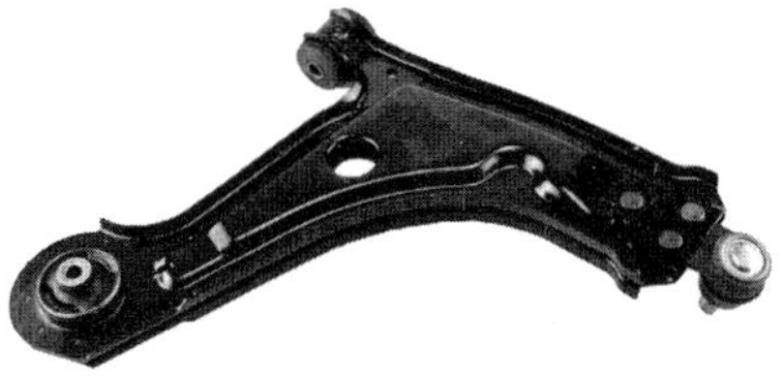	钢、铝合金、碳纤维
底盘	5	传动轴		钢、铝合金、碳纤维
车身	1	车身本体		钢
车身	2	发动机盖		钢
车身	3	车门	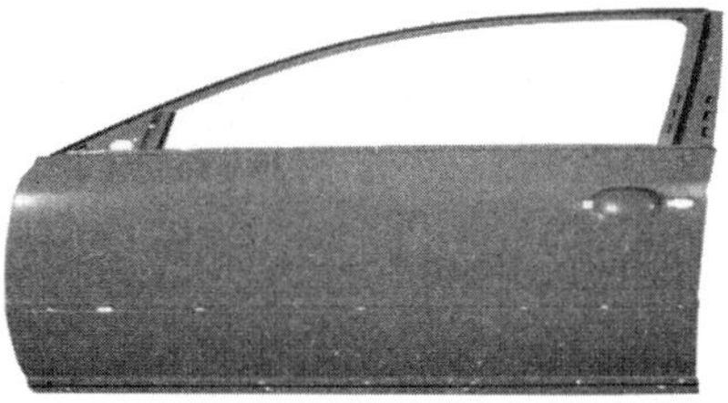	钢

一、汽车发动机零件选材

❶ 汽缸盖

发动机的汽缸盖由优质灰铸铁或合金铸铁铸造。灰铸铁的耐磨性与消振性好,有利于润滑及储油,且含碳量高、流动性良好、收缩率小。铝合金的导热性好,有利于提高发动机的压缩比。

❷ 汽缸垫

汽缸垫按制作材质的不同可分为以下几种。

(1) 金属-石棉汽缸垫。这种石棉中间夹有金属丝或金属屑,且外覆铜皮或钢皮。该钢垫厚度为 1.2～2mm,有很好的弹性和耐热性,能反复使用,但强度较差,厚度和质量也不均匀。

(2) 采用实心金属片制成的汽缸垫。这种垫多用在强化发动机上,如轿车和赛车。该衬垫在需要密封的汽缸孔、水孔及油孔周围冲压出一定高度的凸纹,利用凸纹的弹性变形来实现密封。

此外,还有采用中心用编制的钢丝网或有孔钢板为骨架,两边用石棉及橡胶黏结剂压成的汽缸盖衬垫。

❸ 汽缸体

当前,汽油发动机的缸体材料主要分为铸铁和铝合金两种。而柴油发动机的缸体材料大多为铸铁。

铝合金汽缸体(图 4-10)的优点是质量小,具有很好的导热性能。不过其虽然叫铝合金汽缸体,但是汽缸部分仍采用铸铁的缸套或喷涂一层合金钢的涂层来确保汽缸部位的耐磨性及强度。合金钢涂层如图 4-11 所示,缸套分内外两层,外层较厚,采用与汽缸体相同的铝合金材质;内层很薄,为合金钢材质,可以增加缸套的整体强度。

铸铁缸体的优点是耐腐蚀性较高,热负荷能力强,但是对于一般的民用轿车发动机来说,铝合金缸体已是大势所趋。

❹ 油底壳

通常情况下,汽车发动机油底壳主要由铝合金、钢铁和铸铁等材料制成。

铝合金油底壳轻便耐腐蚀,具有良好的热传导性能,可以有效地将发动机内部产生的热量散发出去,因此被广泛应用于现代汽车发动机中。

图4-10　铝合金汽缸体

图4-11　合金钢涂层

钢铁油底壳则相对来说更加坚固耐用,可以承受更大的压力和撞击,同时也具有较好的防腐性能。但是钢铁密度较大,其质量较铝合金油底壳更大,对汽车的油耗和动力性能会产生一定的影响。

铸铁油底壳制造工艺相对简单、成本较低,过去被广泛应用于汽车发动机中。

❺ 凸轮轴

凸轮轴通常采用高强度合金钢或铸铁等材料制成。

高强度合金钢具有高强度、高硬度、耐磨性好等特点,适用于高性能发动机,以及在高负荷工作条件下使用。

铸铁则具有良好的耐磨性和低噪音等特点,适用于一般发动机。

此外,凸轮轴表面通常经过精密加工和热处理,以保证凸轮的形状和尺寸精度,并提高耐磨性、抗疲劳性和抗裂性,从而增强凸轮轴的使用寿命和可靠性。

二　汽车底盘部件选材

❶ 制动盘

铁制制动盘是目前最常见的制动盘材料。它通常采用灰铸铁为基础材料,通过热处理或合金添加的工艺来改变内部性能。铁制制动盘具有良好的导热性能和稳定的摩擦系数,能够提供稳定而可靠的制动效果。

此外,铁制制动盘还具有较高的强度和耐磨性,能够在高速运动及高温环境下保持稳定的性能。

❷ 离合器膜片弹簧

离合器膜片弹簧通常使用优质的弹簧钢或高强度合金钢制成。这些材料具有高强度、高弹性模量、抗疲劳性好等特点,能够满足离合器膜片弹簧的使用要求。

❸ 横向稳定杆

横向稳定杆需要具有较高的强度和耐腐蚀性能。它的材料可选用碳素钢、不锈钢、合金钢等。

❹ 下摆臂

下摆臂主要有钢材、铝合金、碳纤维。

(1)钢材下摆臂。采用钢材制造的下摆臂制造成本较低,可以为车主节约一定费用。同时,钢材下摆臂质量较大,坚固耐用,能够完全承受车辆行驶时产生的振动和冲击力,保障了行车的安全性。

(2)铝合金下摆臂。采用铝合金制造的下摆臂相对来说较轻便,可以降低车辆质量,提高行驶的速度和燃油经济性。此外,铝合金下摆臂还具有一定的韧性和弹性,能够更好地适应各种路况条件。但是,铝合金下摆臂的价格相对较高,强度、硬度较低,容易扭曲或损坏。并且,需要注意使用过程中的维护,以防受到剐蹭、碰撞等损坏而影响行车安全。

(3)碳纤维下摆臂。采用碳纤维材质制造的下摆臂最为轻便,能够提高车辆运动性能和驾驶感受。碳纤维下摆臂还具有较高的强度和硬度,能够更好地承受车辆行驶时产生的冲击和振动力,提高行车安全性。但是,由于碳纤维下摆臂的制造成本较高,价格也较高,因此一般用于高端运动车辆中。同时,在使用过程中需注意维护,以免碰撞、磨损等影响车辆行驶安全。

根据车主的实际需求,可以选择不同的下摆臂材质。一般来说,对于普通的家用车辆,采用钢材下摆臂能够实现良好的安全性和性价比;而对于一些高端跑车和赛车,可以选择轻便且强硬的碳纤维下摆臂,以满足更高的性能需求。

❺ 传动轴

传动轴最常见的材质是钢材,它具有强度高、韧性好等特点,广泛应用在各种类型的车辆中。常用的钢材种类包括40Cr、45#、42CrMo等,其中42CrMo是一种优质铬钼合金钢,具有优异的耐磨性、韧性和抗拉强度,经常用于高端车辆中。

铝合金传动轴相对于钢材传动轴而言,具有质量低、耐腐蚀、导热性好等特点。铝合金传动轴主要采用7075铝合金,该材料密度小、强度高,适用于跑车等负荷较小的汽车。

碳纤维传动轴的强度和刚度都很高,比铝合金轻30%以上,而且疲劳寿命更长。碳纤维传动轴可以避免传统钢、铝合金传动轴存在的腐蚀、振动、噪音等问题,是高端超级跑车和赛车等领域的理想选择。

三 汽车车身部件选材

❶ 车身本体

车身材料大致可以分为金属材料和非金属材料两种。

金属材料有钢板、铸铁等重金属材料和铝、镁、钛等轻金属及其合金等材料。而非金属材料主要有碳纤维、树脂、工程塑料等材料。主流车身框架有全钢、全铝、钢铝混合等材料,在传统车身的应用中,全钢车身技术应用最广,它的优点是价格相对低廉,坚固不易变形,但同时也更重。

❷ 发动机盖

车辆发动机盖一般用 0.8～1.2mm 厚度的冷轧钢板制造。发动机盖既要能够承受发动机舱的热量,又要有足够的强度承受车辆运动时的风压,以及保证流线型外形。

因使用场合不同,不同的车辆对车身强度要求不同,故而采用不同厚度的冷轧钢板。城市轿跑多使用 0.8 厚度的钢板,SUV 多采用 1.0 厚度的钢板,纯越野多采用 1.2 厚度的钢板。钢板越厚,强度越高,但是质量越高,进而需要更大排量的发动机,增加油耗。

近年来随着材料工艺的进步,一些超级跑车为了提升强度、降低质量,开始使用碳纤维复合材料制造发动机盖和车身。但是其造价高昂,属于小众奢侈品。特殊车辆,(如工程抢险车辆、军用车辆)则不在该讨论范围内。

❸ 车门

车门一般由钢或铝制成。铝制车门具有质量低、强度高的特点,除大多高档车用铝制车门外,其他汽车主要使用钢制车门。

单元小结

(1)汽车常用金属材料分为黑色金属和有色金属两大类。其中,黑色金属又分为钢和铸铁。

(2)根据碳在铸铁中存在形态不同,汽车上常用的铸铁有灰铸铁、可锻铸铁和球墨铸铁等。

(3)汽车上常用的有色金属主要有铜、铝、镁及其合金等。

(4)汽车上常用的非金属材料主要有塑料、橡胶、玻璃、陶瓷和碳纤维等。

(5)汽油的使用性能直接影响到汽油机的工作,因此要求汽油具有良好的挥发性、抗爆性、安定性、防腐性和清洁性。

(6)我国车用汽油按研究法辛烷值,划分为89号、92号、95号、98号4个牌号。

(7)车用汽油选择的原则是以不发生爆震为前提,选择适当牌号的汽油。

(8)普通柴油应具有良好的发火性、低温流动性、蒸发性、化学安全性、防腐性和适当的黏度等使用性能。

(9)我国普通柴油按凝点划分牌号,共有5号、0号、-10号、-20号、-35号、-50号6个牌号。

(10)普通柴油牌号的选择主要是根据当地当月最低气温进行选择。为保证柴油机在最低气温下能正常工作,所选用的柴油凝点应比环境气温低5℃以上。

(11)汽车上的新能源有压缩天然气(CNG)、液化石油气(LPG)、甲醇燃料、乙醇燃料、电能和氢能等。

(12)发动机油具有润滑、清洗、冷却、密封、防腐蚀、缓冲等作用。

(13)发动机油的使用性能有:黏度、抗氧化性、抗腐性、清净分散性和抗泡沫性。油品的使用性能将直接影响发动机的性能。

(14)我国发动机油的黏度是等效采用美国汽车工程师协会(SAE)的黏度分类法,将发动机油分为0W、5W、10W、15W、20W、25W、20、30、40、50、60共11个黏度等级,等级越往后,适应的气温越高,其中带字母W的代表冬季用油,其余为夏季用油。此外,为增宽发动机油对季节和气温的适应范围,还规定了冬夏两季均可使用的多级油,如15W/40、20W/40等。质量等级分类是等效采用美国石油协会(API)的质量分类法,将汽油发动机油分为SE、SF、SG、SH、SJ、SL、SM等等级;将柴油发动机油分为CC、CD、CD-Ⅱ、CE、CF、CF-2、CF-4、CG-2、CG-4等等级。

(15)发动机油的选用包括质量等级和黏度等级的选用。应严格按照车辆使用说明书或发动机的工作条件确定发动机油的质量等级,并根据车辆使用地区的气温情况选择合适的发动机油黏度等级。

(16)我国采用SAE黏度分类法,将车辆齿轮油分为70W、75W、80W、85W、90、140、250等7个黏度等级;按质量等级分类,将车辆齿轮油分为普通车辆齿轮油(相当于GL-3)、中等负荷车辆齿轮油(相当于GL-4)和重负荷车辆齿轮油(相当于GL-5)3个等级。按车辆使用说明书的规定和齿轮的工作条件选择齿轮油的质量等级;根据车辆使用地区的气温来选择齿轮油的黏度等级。

(17)我国液力传动油分为6号、8号两个牌号,8号液力传动油适用于轿车和轻型货车的自动变速器,6号液力传动油适用于内燃机车、重型货车的自动变速器。

(18)汽车常用的润滑脂品种类有:钙基润滑脂、钠基润滑脂、汽车通用锂基润滑脂、极压复合锂基润滑脂、石墨钙基润滑脂等。汽车上通常采用汽车通用锂基润滑脂。

(19)目前,我国汽车使用的制动液主要是合成型制动液,其牌号有HZY3、HZY4、HZY53种,分别对应国际上的DOT3、DOT4、DOT5。

(20)防冻液不仅能降低发动机冷却液的冰点,还具有提高冷却液的沸点、冷却效率高、防金属被腐蚀等优点。目前广泛使用的是乙二醇型冷却液,冷却液按其冰点不同,分为-25、-30、-35、-40、-45、-50共6个牌号。

(21)目前汽车空调系统中使用的制冷剂有R12和R134a两种,其中R134a不含氯原子,对臭氧层无破坏作用,温室效应小,是取代R12的理想产品。

(22)汽车轮胎可以根据不同的标准分类。根据气压高低的不同,分为高压胎(0.5~0.7MPa)、低压胎(0.2~0.5MPa)和超低压胎(小于0.2MPa);根据花纹不同,分为普通花纹轮胎、混合花纹轮胎和越野花纹轮胎;按内胎有无,分为有内胎轮胎和无内胎轮胎;根据帘线材料不同,分为人造丝(R)轮胎、棉帘线(M)轮胎、尼龙(N)轮胎和钢丝(G)轮胎;根据帘线排列方式的不同,分为普通斜交轮胎和子午线轮胎。

技能训练

(1)汽车常用金属材料与非金属材料的识别。
(2)汽车常用运行材料识别。

思考与练习

(一)填空题

1.钢按化学成分不同,可分为_____、_____和_____3种。

2.合金元素在钢中有两种存在形式,一种是形成_____,另一种是形成_____。

3.橡胶是以_____为原料,加入适量的_____构成的高分子弹性材料。

4. 我国车用柴油按低温流动性能指标(凝点)命名,根据《车用柴油》(GB/T 19147—2016),分为＿＿＿＿、＿＿＿＿、＿＿＿＿、＿＿＿＿、＿＿＿＿、＿＿＿＿ 6个牌号。

5. 汽车轮胎根据帘线排列方式的不同分为＿＿＿＿、＿＿＿＿。

6. 汽油发动机的缸体材料主要分为＿＿＿＿和＿＿＿＿两种。

7. 凸轮轴通常采用高强度合金钢或铸铁等材料制成,高强度合金钢具有＿＿＿＿、＿＿＿＿、＿＿＿＿等特点。

8. 传动轴最常见的材质就是钢材,它具有＿＿＿＿、＿＿＿＿等特点。

(二)判断题

1. 钢中存在的杂质元素都是有害的。（　　）
2. 45钢中的平均含碳量为0.45%。（　　）
3. 用于制造机器零件的合金钢,一般都需要进行热处理。（　　）
4. 可锻铸铁是指可以锻打的铸铁。（　　）
5. 铝合金都不能通过热处理来进行强化。（　　）
6. 车用柴油的十六烷值越大,柴油发动机的工作越粗暴。（　　）
7. 汽油发动机油15W/40是多级油。（　　）
8. 质量等级较高的发动机油可替代质量等级较低的机油,反之则不能。（　　）
9. 汽车自动变速器使用的汽车液力传动油简称ATF。（　　）
10. 目前,国内外发动机使用的冷却液几乎都是乙二醇型冷却液。（　　）

(三)简答题

1. 硫、磷对钢质量的不利影响有哪些?
2. 工具钢与结构钢在成分、性能及用途上有什么不同?
3. 如何合理地选用车用柴油?
4. 如何选用乙二醇型防冻液?
5. 根据帘线材料不同,汽车轮胎有哪几种?

单元五
汽车维修工具与量具

学习目标

知识目标

了解汽车维修常用工具和量具的名称、用途及规格。

技能目标

1. 能正确选用合适的汽车维修工具和量具；
2. 能正确使用汽车维修工具和量具。

素养目标

1. 培养爱护工量具，适时养护的习惯；
2. 培养专业精神，形成优良学风。

 建议完成本单元的课时为 **12** 课时。

课题一　工　　具

正确选择和使用汽车维修工具，可以提高维修效率，保护人身安全。汽车维修常用工具见表 5-1。

汽车维修常用工具　　　　表 5-1

序号	名称	图例	序号	名称	图例
1	开口扳手		2	梅花扳手	

续上表

序号	名称	图例	序号	名称	图例
3	套筒扳手		12	卡簧钳	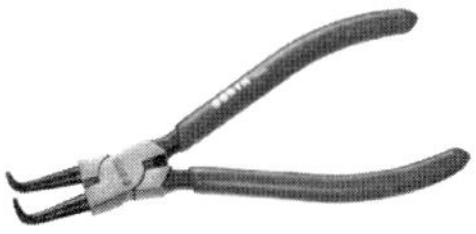
4	活动扳手		13	剥线钳	
5	内六角扳手	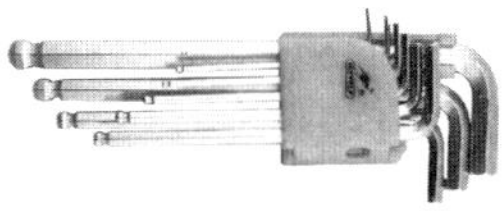	14	一字螺丝刀	
6	内六角梅花扳手	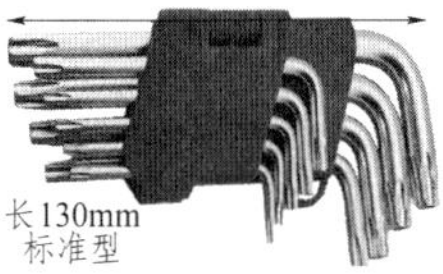	15	十字螺丝刀	
7	扭力扳手		16	机油滤清器扳手	
8	气动扳手		17	锤子	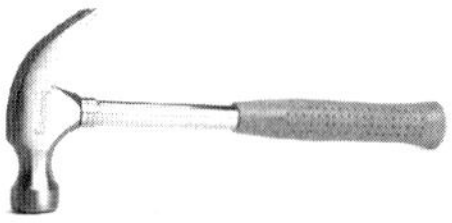
9	钢丝钳	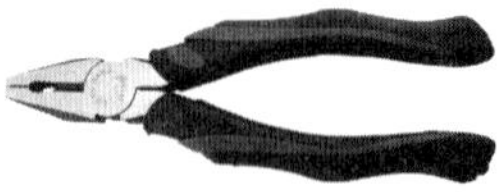	18	火花塞套筒	
10	尖嘴钳		19	活塞环拆装钳	
11	鲤鱼钳		20	活塞环压缩器	

单元五 汽车维修工具与量具

续上表

序号	名称	图例	序号	名称	图例
21	气门弹簧拆装组件		29	轮胎气压表	
22	气门油封钳		30	汽缸压力表	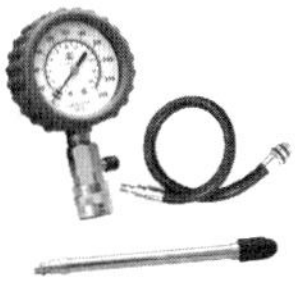
23	气门铰刀	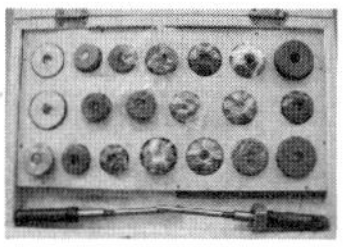	31	燃油压力表	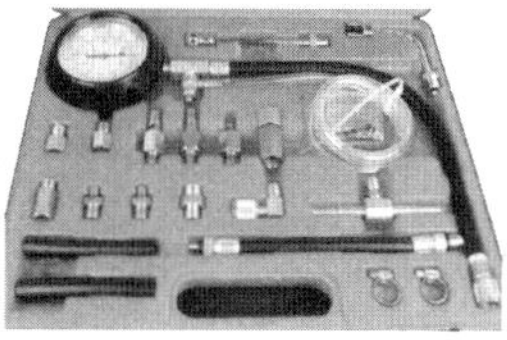
24	球头分离器		32	真空表	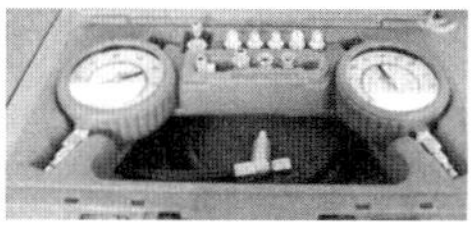
25	减振弹簧压缩器	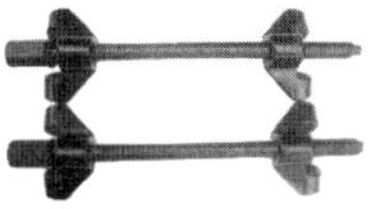	33	背压表	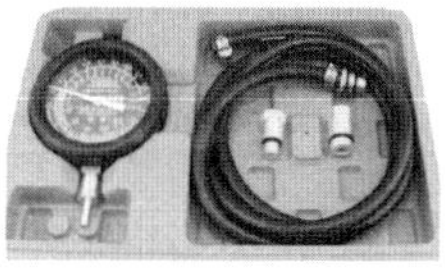
26	千斤顶		34	密度计	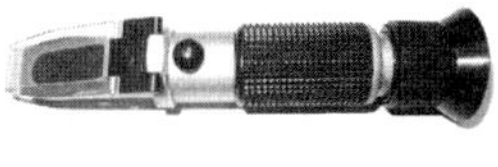
27	黄油枪	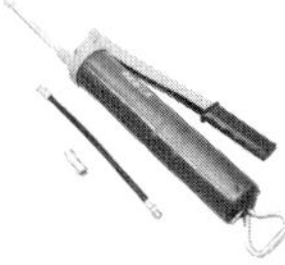	35	充电器	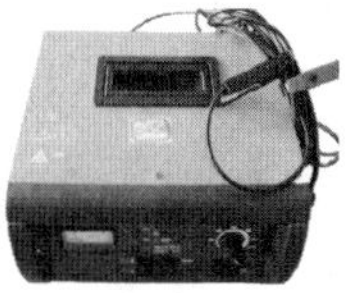
28	机油枪		36	应急起动电源	

一、扳手

扳手主要用于扭转螺栓、螺母或带有螺纹的零件,如果扳手选用不当或使用不当,不但会造成零件和扳手的损坏,还可能造成人身安全方面的事故。

扳手主要类型有:开口扳手、梅花扳手、套筒扳手、活动扳手、动力扳手等。在维修车辆时,不同的使用场合应选用适合的扳手。选择时按照"先套筒扳手、后梅花扳手、再呆扳手、最后活动扳手"的原则。

常见的工具有米制、英制两种尺寸单位。米制和英制的换算关系:1mm = 0.03937in。

1 开口扳手

开口扳手也称呆扳手(表5-1),按其开口的宽度大小分有 8～10mm、12～14mm、17～19mm 等规格。开口扳手通常是成套装备,有 8 件一套、10 件一套等,也可以组成套件。

开口扳手的使用

使用时应根据螺栓或螺母的尺寸,选择相应开口尺寸的扳手。为了防止扳手损坏或滑脱,应使扭力作用在开口较厚的一边,如图 5-1 所示。顺时针扳动扳手正确,逆时针使用错误。

图 5-1 开口扳手的使用方法

2 梅花扳手

梅花扳手(表5-1),按闭口尺寸大小分有 8～10mm、12～14mm、17～19mm 等。梅花扳手通常是成套装备,有 8 件一套、10 件一套等。

使用时根据螺栓或螺母的尺寸,选择相应闭口尺寸的梅花扳手。与开口扳手相比,由于梅花扳手扳动30°后,即可换位再套,适于狭窄场合下操作,而且强度高,使用时不易滑脱,应优先选用。

为方便操作,有的扳手一头是开口扳手,另外一头是梅花扳手,即两用扳手,如图 5-2 所示。

3 套筒扳手

套筒扳手由套筒和扳手组成,套筒扳手的内孔形状与梅花扳手相同,也是正六边形,通常是成套组成,主要包括棘轮扳手、套筒、接杆等,以方便操作和提高效率,如图 5-3 所示。

套筒扳手适用于拆装位置狭窄或需要一定力矩的螺栓或螺母。其比梅花扳手更具方便快捷特点,应优先考虑使用。

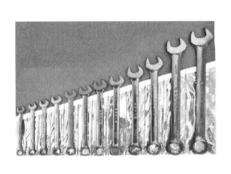
图 5-2　两用扳手套件

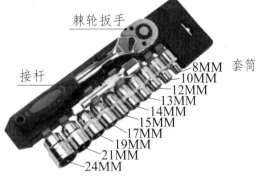
图 5-3　套筒扳手套件

(1)套筒的规格。按所拆卸螺栓的力矩和使用的工作环境不同,可将套筒分为大、中、小 3 个系列,并以配套手柄方榫的宽度来区分,如图 5-4 所示。常见的有 6.3mm 系列、10mm 系列和 12.5mm 系列,如使用英寸表示,则对应为 1/4in 系列、3/8in 系列和 1/2in 系列,如图 5-5 所示。

图 5-4　套筒手柄

图 5-5　不同规格的套筒

(2)套筒的类型。除常见的标准套筒外,还有很多特殊套筒,如长套筒、花形套筒(内、外)、风动套筒、旋具套筒等,如图 5-6 所示。如头部制成特殊形状的螺栓、螺母,就必须采用专用套筒进行拆卸。

a)长套筒、花形套筒(内、外)、
　风动套筒

b)旋具套筒

图 5-6　特殊套筒

(3）套筒的配套工具。

①扭力扳手。扭力扳手主要用于有规定力矩值的螺栓和螺母的装配,如汽缸盖、连杆、曲轴主轴承等处的螺栓。扭力扳手与套筒扳手中的套筒配合使用,可以按规定施加所需的力矩。主要分为指针式、旋转式和数显式等,如图5-7 和图5-8 所示,规格以最大可调力矩来划分。

图 5-7　指针式、旋转式扭力扳手　　　图 5-8　数显式扭力扳手

指针式扭力扳手结构相对比较简单,它有一个刻度盘,当紧固螺栓时,扭力扳手的杆身在力的作用下发生弯曲,这样就可以通过指针的偏转角度大小表示螺栓、螺母的旋转程度,其数值可通过刻度盘读出。汽车维修中常用扭力扳手的规格为 300N·m。

使用指针式扭力扳手时,应注意左手在握住扳手与套筒连接处时,不要碰到指针杆,否则会造成读数不准,如图5-9 所示。

预置力式扭力扳手可通过旋转手柄,预先调整设定力矩,如图5-10 所示。达到设定力矩时,该扳手会发出警告声响以提示用户,当听到"咔嗒"声响后,立即停止旋力以保证力矩正确,当扳手设在较低扭力值时,警告声可能很小,所以应特别注意。

图 5-9　指针式扳手使用示意图　　　图 5-10　预置力式扳手调整预置力

在使用扭力扳手拧紧时要用左手握住套筒,并保持扭力扳手的方榫部及套筒垂直于紧固件所在平面,右手握紧扭力扳手手柄,向自己这边扳转,如图5-11

所示。禁止向外推动,以免滑脱而造成身体伤害。

用扭力扳手紧固一个平面上多个固定螺栓且力矩较大时,要注意拧紧顺序,如图5-12所示。一般的拧紧顺序是从中间至两边且对角分多次拧紧,详细顺序以维修手册为准。

图5-11 旋转式扳手使用示意图

图5-12 安装汽缸盖螺栓

②棘轮手柄。棘轮手柄是最常见的套筒手柄,如图5-13所示。套筒手柄是装在套筒上用于扳动套筒的配套手柄,如果没有配套手柄,套筒将无法独立工作。

棘轮手柄头部设计有棘轮装置,在不脱离套筒和螺栓的情况下,可实现快速单方向的转动。通过调整锁紧机构可改变其旋转方向:将锁紧机构手柄调到左边,可以单向顺时针拧紧螺栓或螺母;将锁紧机构手柄调到右边,可以单向逆时针松开螺栓或螺母,如图5-14所示。

图5-13 棘轮手柄

图5-14 棘轮手柄头部的棘轮装置

❹ 活动扳手

活动扳手的开口尺寸能在一定的范围内任意调整,其规格是以最大开口宽度(mm)×扳手长度(mm)来表示。也有不同的类型,图5-15所示为直角活动扳手,又称大开口活络管子钳。

活动扳手操作起来不太方便,需旋转蜗杆才能使活动扳口张开及缩小,而且容易从螺栓上滑移,应尽量少用,仅在缺少相应其他扳手时使用。使用时也应注意使力矩作用在开口较厚的一边,如图5-16所示。

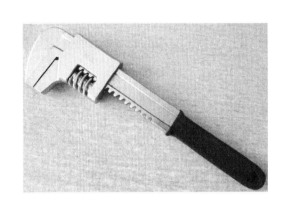

图5-15 直角活动扳手

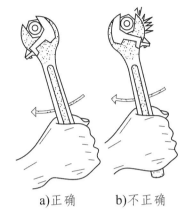

图5-16 活动扳手的使用

⑤ 内六角扳手和内六角梅花扳手

内六角扳手和内六角梅花扳手(表5-1),用来拆装内六角螺栓(螺塞),以六角形对边尺寸大小表示,有3~27mm共13种尺寸并组成套件,也可以和其他工具组成套件。

⑥ 动力扳手

动力扳手可以使维修工作更容易,动力扳手比手动扳手动作更快,力矩更大。但是,动力扳手需要更多安全措施。动力扳手的动力由压缩空气或电力供给,所以可以叫气动扳手或电动扳手,如图5-17和图5-18所示。

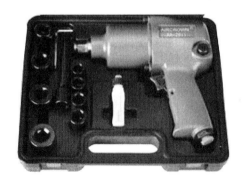

图5-17 气动扳手

图5-18 电动扳手

动力扳手对力矩不敏感,因此,紧固件用动力扳手旋紧后,应使用扭力扳手最后拧紧。使用动力扳手时,只能选用配套的套筒及接杆。如果选用其他类型的套筒和接杆,可能会有安全隐患。

二 钳子

常见的手钳有钢丝钳、尖嘴钳、鲤鱼钳和卡簧钳等。

❶ 钢丝钳

钢丝钳又称老虎钳。按其钳长分150mm、175mm、200mm三种。

钢丝钳主要用于夹持圆柱形零件,也可以代替扳手旋动小螺栓、小螺母,钳口后部的刃口可剪切金属丝。

❷ 尖嘴钳

尖嘴钳因其头部细长而得名,能在较小的空间使用。刃口也能剪切细小金属丝,使用时不能用力太大,否则钳口头部会变形或断裂。其规格以钳长来表示,汽车拆装常用的是160mm尖嘴钳。

❸ 鲤鱼钳

鲤鱼钳的作用与钢丝钳基本相同,其中部凹凸粗长,便于夹持圆柱形零件。由于一片钳体上有两个互相贯通的孔,可以方便地改变钳口大小,以适应夹持不同大小的零件,是汽车维修中使用较多的手钳。规格以钳长来表示,一般有165mm和200mm两种。

❹ 卡簧钳

卡簧钳也称挡圈钳,有多种结构形式,如图5-19所示。适用于拆装各种卡簧(挡圈)。使用时应根据卡簧(挡圈)结构形式,选择相应的卡簧钳。

图5-19 卡簧钳套件

三 螺丝刀

❶ 普通螺丝刀

螺丝刀也叫起子或改锥,用来拆装小螺钉,分一字螺丝刀和十字螺丝刀两种。其规格以刀体部分的长度来表示。常用的规格有100mm、150mm、200mm、300mm等几种。

使用时应根据螺钉沟槽的形状和宽度选用相应的规格,按照"七分压、三分旋"的比例施加作用力。普通螺丝刀不能当作錾子、冲子或撬杆使用。

❷ 冲击螺丝刀

冲击螺丝刀如图 5-20 所示,用来松动拧得过紧或锈死的螺钉,冲击螺丝刀中心是一穿心杆,有可换端头,一个手柄可以配用不同样式的端头。

图 5-20　冲击螺丝刀

使用冲击螺丝刀时,将合适的端头插入其头部,将端头顶在螺钉槽口中,然后按照所需方向用力拧动手柄,再用锤子手柄敲击手柄后端。锤子会向螺钉上施加一个向下的力,同时也对螺钉施加一个旋转力。

四　火花塞套筒

火花塞套筒专用于火花塞的拆装,是长套筒的一种变形形式,采用薄壁结构,以避免与其他部分干涉。现在的车型主要使用 14mm、16mm 两个规格。

套筒内部装有磁铁或橡胶圈,因为大多数火花塞都是朝下布置的,必须从火花塞孔深处朝上取出,所以采用橡胶圈或磁铁来防止火花塞掉落。

五　机油滤清器扳手

发动机一次性机油滤清器直径一般都在 80mm 以上,顶部被冲压成多棱面(就像一个大螺母),如图 5-21 所示。如要拆装,需使用专用机油滤清器扳手,如图 5-22 所示。

在实际使用中,除手铐式机油滤清器扳手(表 5-1)外,还有其他类型的机油滤清器扳手,有部分车型还有自己专用的机油滤清器扳手,如图 5-23 ~ 图 5-26 所示。

在拆装机油滤清器时,要根据其安装位置和规格选用合适的机油滤清器扳手。

单元五 ◎ 汽车维修工具与量具

图 5-21　发动机上的机油滤清器

图 5-22　拆机油滤清器

图 5-23　双链条套筒式滤清器扳手

图 5-24　三爪式滤清器扳手

图 5-25　碗形滤清器扳手

图 5-26　钳式滤清器扳手

六　活塞环拆装钳及压缩器

活塞环拆装钳是一种专门用于拆装活塞环的工具,可以避免活塞环受力不均匀而拆断。

使用时,将活塞环拆装钳卡住活塞环开口,轻握手柄,慢慢收缩,活塞环就慢慢张开,将活塞环装入或拆出活塞环槽,如图 5-27 所示。

活塞环拆装钳可分为小、中、大 3 种规格,小号直径为 50～100mm,中号直径为 80～120mm,大号直径为 110～160mm。在使用时根据活塞环直径的大小选择合适的活塞环拆装钳。

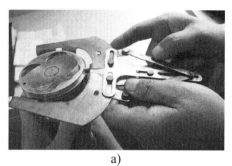 

a) b)

图 5-27 活塞环的拆装

活塞环压缩工具一般用带有刚性的铁皮制成。活塞环压缩器的大小、型号有所不同,选用时要根据活塞的直径选择合适的压缩器,如图 5-28 所示。

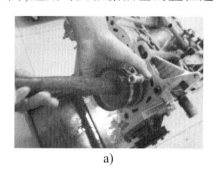 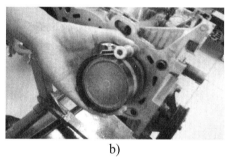

a) b)

图 5-28 活塞环压缩工具的使用

七 气门弹簧拆装钳

气门弹簧拆装钳用于拆装气门弹簧。使用时,将钳口收缩到最小位置,插入气门弹簧座下,然后旋转手柄。左手掌向前压牢,使钳口贴紧弹簧座,装或拆好气门销(或锁片)后,反方向旋转气门弹簧拆装手柄,取出拆装钳,如图 5-29 所示。

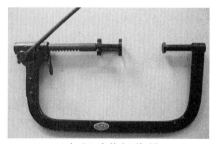 

a)气门弹簧拆装钳　　b)气门弹簧拆装钳的使用

图 5-29 气门弹簧拆装钳及其使用

八 千斤顶

千斤顶是一种起重高度小(小于1m)的最简单的起重设备。如图5-30、图5-31所示,有机械式和液压式两种。汽车常用液压千斤顶的举升力为3t、5t、8t等。

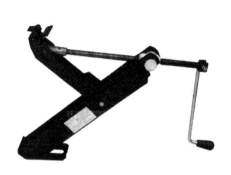 

图5-30　机械式千斤顶　　图5-31　液压式千斤顶

使用千斤顶前,用三角木垫好汽车;在松软路面上使用时,应在千斤顶底下加垫木;举升时,千斤顶应与重物垂直对正;千斤顶未支牢前及回落时,禁止在车下工作。

使用千斤顶时,先把开关拧紧,放好千斤顶,对正被顶部位,压动手柄,将重物顶起。当落下千斤顶时,将开关慢慢旋开,重物就逐渐下降。

九 其他工具

1 汽缸压力表

汽缸压力表(表5-1)是测定汽缸压缩压力的仪器,由测定值可以了解汽缸、活塞、气门、活塞环是否良好,以及各汽缸间的压缩压力差,其是判断发动机性能非常重要的仪器。

由于汽油机和柴油机的压缩压力有非常显著的差异,所以汽缸压力表可分为汽油机用和柴油机用两种,本书指的是汽油机用的压力表,如前面列表(表5-1)所示,测试接头套管采用导管式和橡胶接头。

汽缸压力表的使用请在专业老师的指导下进行,可以直接抵住汽缸盖上的火花塞孔进行测试。在检测汽缸压力时应先将发动机暖机,使发动机各内部充满机油,接着卸下全部火花塞,并从点火线圈上卸下分缸线,节气门全开,将压力表的连接头顶住火花塞孔,然后使发动机转动,随着发动机的转动,仪表上的指针会逐渐上升,到某一数值即停止,此时的指示值就是汽缸的压缩压力,但此数值应该经多次测试后才算准确。当测定完一个汽缸,应按一下按钮,使指针归零后,才可以测试下一个汽缸。

② 燃油压力表

燃油压力表(表5-1)用于检测发动机运转时燃油管路内的油压,可以判断电动汽油泵或油压调节器有无故障、汽油滤清器是否堵塞等。

燃油压力表的使用,必须在专业老师的指导下进行。

十 新能源汽车维修安全防护工具

① 绝缘安全帽

检修带电或可能带电的新能源汽车高压线路或部件时需佩戴绝缘安全帽,如图5-32所示。绝缘安全帽有防砸功能,耐1000V以上的高压,每次使用前必须先检查。

图5-32 绝缘安全帽

② 护目镜

护目镜具有防止电池液飞溅而带来的伤害及侧面防护的功能。本书单元七课题四对其进行了较详细的讲述。

③ 绝缘手套

绝缘手套的作用是隔绝人体与带电部件。本书单元七课题四对其进行了较详细的讲述。

④ 绝缘安全鞋

绝缘安全鞋的作用是使人体与地面绝缘。本书单元七课题四对其进行了较详细的讲述。

⑤ 绝缘服

绝缘服如图5-33所示,可以预防产生静电,保护人体。绝缘服在穿戴前必须先检查。

十一 新能源汽车维修专用工具

① 绝缘工具

绝缘工具是外部有绝缘材料的拆装工具,如图5-34所示。新能源汽车高压零部件在带电或可能带电的情况下的拆装必须使用绝缘拆装工具。绝缘拆装工具的绝缘材料耐高压 1000V 以上。绝缘工具的使用方法与普通工具相同,但有以下要求。

(1)有专门的工具室,室内通风良好、清洁、干燥。

(2)定期检查,如有损伤或受潮,应进行检修和干燥下理,试验合格后方可使用。

(3)绝缘工具须按规定定期进行绝缘性能的试验,不得使用不符合试验要求的。

❷ 高压绝缘测试仪

高压绝缘测试仪也叫兆欧表,用于测试新能源汽车高压线路或部件的绝缘值是否符合要求,特点是施加高压测试绝缘阻值,如图 5-35、图 5-36 所示,有手摇式和数字式两种。使用时必须在专业老师的指导下进行。

图 5-33 绝缘服

图 5-34 绝缘工具

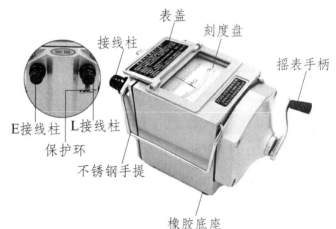

图 5-35 手摇式高压绝缘测试仪

图 5-36 所示为数字式高压绝缘测试仪(Fluke 1508),其不仅可以测量绝缘电阻,还可以测量接地耦合电阻、交流/直流电压。COM 端子连接测量地线或公共端子的表棒,Ω 端子连接测量电阻的表棒,V 绝缘端子连接电压测试端子,在测量档位选择合适的电压,用于测量绝缘阻值。

绝缘测试只能在不通电的情况下进行,方法如下。

(1)检查仪表、表棒外观有无损伤,量程是否正确。

(2)将表棒插入 V 和 COM 端子,将选择开关调到需要的测试电压,电压选 1000V。

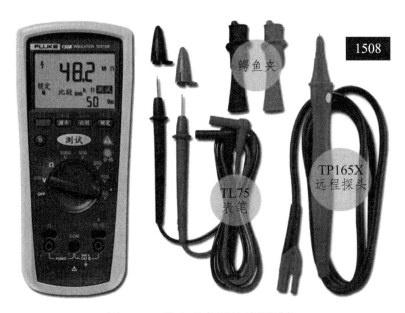

图 5-36　数字式高压绝缘测试仪

（3）戴上绝缘手套，绝缘表棒与待测电路（被测件）连接，测试仪自动监测电路是否通电。

（4）测试仪主显示位置显示————，直到按下 测试 按钮，测出绝缘阻值。如果电路中的电压超过 30V，在主显示位置显示电压超过 30V 警告的同时，还会显示高压符号 ⚡，测试被禁止。

（5）按住 测试 按钮开始测试。辅显示位置上显示所施加的测试电压，主显示位置显示高压符号 ⚡，并以 MΩ 或 GΩ 为单位显示电阻。显示屏的下端出现"测试"图标，直到释放 测试 按钮。当电阻超过最大显示量程时，测试仪显示">"符号，以及当前量程的最大电阻。新能源汽车动力蓄电池、高压线等绝缘阻值大于 550（Ω/V），说明绝缘良好。

（6）释放 测试 按钮，被测电路开始通过测试仪放电，主显示位置显示绝缘阻值，直到开始新的测试或选择了不同功能/量程。

（7）整理表棒，关闭绝缘测试仪。

课题二　量　　具

汽车维修常用量具见表 5-2。

单元五 ⊙ 汽车维修工具与量具

汽车维修常用量具　　　　　　　　　　　表 5-2

序号	名称	图例	序号	名称	图例
1	钢直尺		6	千分尺	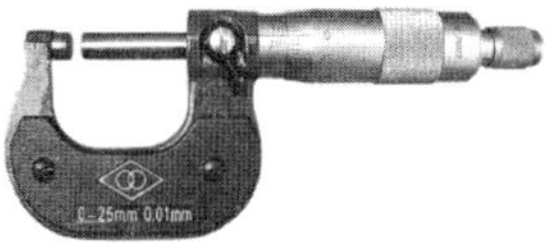
2	钢卷尺		7	百分表	
3	塞尺		8	量缸表	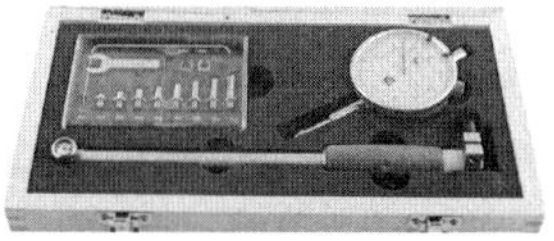
4	刀形尺		9	万能游标量角器	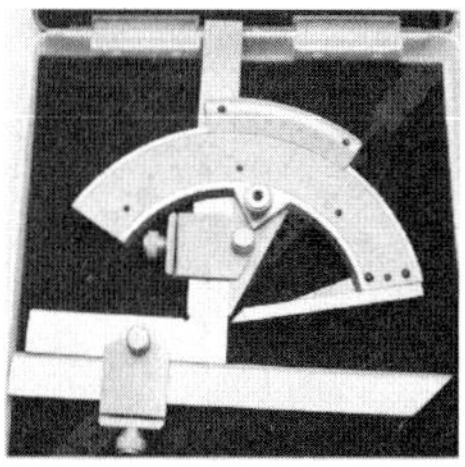
5	游标卡尺	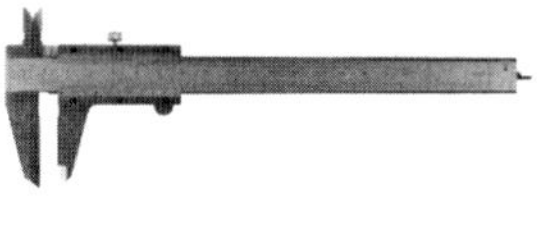	—	—	—

一　钢直尺

钢直尺是最基本的测量工具,是用薄钢板制成,它一般用于精度要求不高的测量,可以直接测量出工件的尺寸。

钢直尺一般由碳钢或不锈钢制成,长度分为 150mm、200mm、300mm 三种,最小刻度是 0.5mm。汽修厂使用 150mm 和 300mm 这两种较多。

二 塞尺与刀形尺

塞尺又称厚薄规或间隙片,是一组淬硬的钢条或刀片,这些淬硬钢条或刀片被研磨或滚压成精确的厚度,它们通常都是成套供应。主要用于测量气门间隙、触点间隙和一些接触面的平直度等,如图 5-37 所示。

图 5-37　塞尺与刀形尺的使用

每条钢片标出了厚度(单位为 mm),它们可以单独使用,也可以将两片或多片组合在一起使用,以获得所要求的厚度,最薄的一片可以达到 0.02mm。常用塞尺长度有 50mm、100mm、200mm 三种。

刀形尺的测量面呈刃口状,可以与塞尺一起用于测量工件平面形状误差。

三 游标卡尺

游标卡尺结构　游标卡尺的使用

游标卡尺又称四用游标卡尺,简称卡尺,是由尺身和游标等制造而成的精密测量仪器,能够用于长度、外径、内径及深度的测量。在汽车维修工作中,0.02mm 精度的游标卡尺使用最多。

游标卡尺根据最小刻度的不同分为 0.05mm 和 0.02mm 两种。若游标卡尺上有 50 个刻度,每刻度表示 0.02mm;若游标卡尺上有 20 个刻度,每刻度表示 0.05mm。

有些游标卡尺使用电子读数显示,如图 5-38 所示。

还有一些游标卡尺是专门用来测量内径的,如汽车制动鼓的测量等,这种游标卡尺的好处是不受被测物体内径边缘凸起的影响,如图 5-39 所示。

常用的游标卡尺的测量范围是 0~150mm,应根据所测零部件的精度要求选用合适规格的游标卡尺。

读数时(图 5-40),首先读出游标零线左边与尺身相邻的第一条刻线的整毫米数,即测得尺寸的整数值,读数为 13.00mm。再读出游标上与尺身刻度线对齐的那一条刻度线所表示的数值乘以单位刻度值,即为测量值的小数(22×0.02 = 0.44mm),两者相加即为实际尺寸读数[13 + (0.02 × 22) = 13 + 0.44 = 13.44mm]。

图 5-38　电子式游标卡尺　　　　　图 5-39　内径游标卡尺

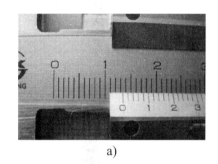
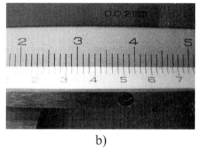

a)　　　　　　　　　　　　　b)

图 5-40　常用游标卡尺的读数

四　千分尺

千分尺也称螺旋测微器,它是利用螺纹节距来测量长度的精密测量仪器,用于测量加工精度要求较高的零部件,汽车维修工作中一般使用可以测至 1/100mm 的千分尺,其测量精度可达到 0.01mm。

(1)外径千分尺。外径千分尺是用于外径宽度测量的千分尺,测量范围一般为 0~25mm。根据所测零部件外径大小,可选用测量范围为 0~25mm、25~50mm、50~75mm、75~100mm 等多种规格的千分尺,如图 5-41 所示。有些游标卡尺使用电子读数显示,如图 5-42 所示。

固定套筒上刻有刻度,如图 5-43 所示,轴每转动一周即可沿轴方向前进或后退 0.5mm。活动套管的外圆上刻有 50 等份的刻度,在读数时每等份为 0.01mm。

棘轮旋钮的作用是保证测轴的测定压力,当测定压力达到一定值时,限荷棘轮即会空转,如图 5-44 所示。如果测定压力不固定则无法测得正确尺寸。

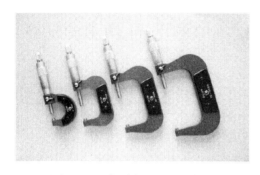

图 5-41 各种规格的千分尺

图 5-42 数显千分尺

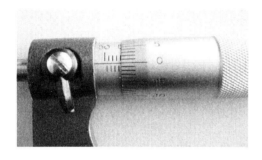

图 5-43 千分尺刻度

图 5-44 千分尺棘轮旋钮

常用外径千分尺的读数方法：

①从固定套筒上露出的刻线读出工件的毫米整数和半毫米整数。

②从活动套筒上由固定套筒纵向线所对准的刻线读出工件的小数部分（每格0.01mm），不足一格数（千分之几毫米），可用估算读法确定。

③将2次读数相加就是工件的测量尺寸。如图5-45a）所示（55mm+0.01mm=55.01mm），如图5-45b）所示（55.5mm+0.45mm=55.95mm）。

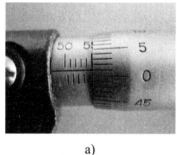

a)

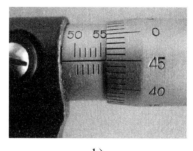

b)

图 5-45 外径千分尺的读数方法

（2）内径千分尺和深度千分尺。内径千分尺和深度千分尺按测量范围也有多种规格，如图5-46、图5-47所示。

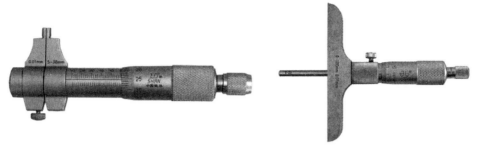

图 5-46　内径千分尺　　　　　图 5-47　深度千分尺

五　百分表

百分表利用指针和刻度将心轴移动量放大来表示测量尺寸，主要用于测量工件的尺寸误差以及配合间隙。一般汽车修理厂多采用最小刻度为 1/100mm 的百分表。同时百分表可以和夹具配合使用。

百分表的测量头包括 4 种类型，如图 5-48 所示。

(1) 长型，适合在有限空间中使用。

(2) 辊子型，用于轮胎的凸面/凹面测量。

(3) 杠杆型，用于测量不能直接接触的部件。

(4) 平板型，用于测量活塞突出部分等。

如图 5-49 所示，百分表表盘刻度分为 100 格，当量头每移动 0.01mm 时，大指针偏转 1 格；当量头每移动 1mm 时，大指针偏转 1 周。小指针偏转 1 格相当于 1mm。

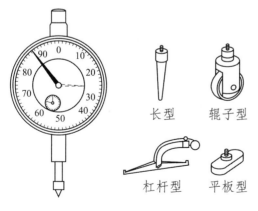

图 5-48　百分表的测量头　　　　图 5-49　百分表的表盘

百分表要装设在支座上才能使用，在支座内部设有磁铁，旋转支座上的旋钮使表座吸附在工具台上,因而又称磁性表座,如图 5-50 所示。百分表还可以和夹具、V 形槽、检测平板和顶心台合并使用,从事弯曲、振动及平面状态的测定或检查,如图 5-51 所示。

图 5-50　百分表的使用　　　　图 5-51　曲轴圆跳动量的测定

六　量缸表

量缸表又称内径百分表,是利用百分表制成的测量仪器,也是用于测量孔径的比较性测量工具。汽车维修中,量缸表通常用于测量汽缸的磨损量及内径。

量缸表主要包括百分表、表杆、替换杆件和替换杆件紧固螺钉等。量缸表需要经过装配才能使用,如图 5-52 所示。如需使用量缸表进行测量,需在专业人员的指导下进行。

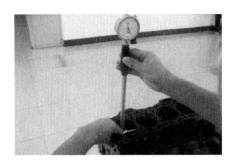 

图 5-52　量缸表及使用

七　万能角度尺

万能角度尺又被称为角度规、游标角度尺和万能量角器,它是利用游标读数原理来直接测量工件角或进行画线的一种角度量具。

单元五 汽车维修工具与量具

万能角度尺适用于机械加工中的内、外角度测量,可测 0°~320°外角及 40°~130°内角。

单元小结

(1)扳手是一种拧转和夹持螺栓或螺母的工具,汽车维修时常用的是梅花扳手和套筒扳手。使用扳手时,最好的效果是拉动,若必须推动时,只能用手来推,并且手指要伸直,以防螺栓突然松动时碰伤手指。

(2)有规定的力矩要求时,一定要使用扭力扳手。使用扭力扳手时不可过载,以免造成读数不准或扳手损坏。使用后要将扭力扳手平稳放置,避免重物撞、压,造成扳手杆或扳手指针变形影响精度,甚至损坏扳手。

(3)使用动力扳手时,只能选用配套的套筒及接杆。如果选用其他类型的套筒、接杆,套筒及接杆可能会碎裂或飞脱,危及使用者和其他人员的安全。

(4)在汽车上,各种螺钉紧固件都有配套的专用螺丝刀,在使用时合理选用合适的螺丝刀。普通螺丝刀不可当作錾子、样冲或撬杆使用。

(5)使用活塞拆装钳拆装活塞时,用力要均匀,避免用力过猛而导致活塞折断,同时也能避免手受伤。

(6)千斤顶有机械式和液压式两种。汽车在顶起或下降过程中,禁止在汽车下面进行作业。千斤顶顶起位置要正确,否则容易损伤汽车甚至造成汽车下滑的安全事故。

(7)测量工具是精确灵敏的仪器。实际上,它们越精确,就越灵敏。所以操作时应当非常小心,禁止对测量仪器撬、敲、摔或挤压,以免产生永久性损坏。测量工具还应定期进行维护。

(8)千分尺又称螺旋测微器,是一种精密量具,测量精度比游标卡尺高,且比较灵敏,千分尺的测量精度为 0.01mm。

(9)百分表的刻度盘圆周刻百 100 等份,当大指针转动 1 圈,则测杆的位移为 1mm。即大指针每小格值为 0.01mm,大指针转动 1 圈,小指针转动 1 格,即小指针每小格值为 1mm。

(10)量缸表是用于测量孔径的比较性测量工具,主要包括百分表、表杆、替换杆件和替换杆件紧固螺钉等。量缸表需要经过装配才能使用。汽车维修中,量缸表通常用于测量汽缸的磨耗量及内径。

(11)新能源汽车维修安全防护工具有:绝缘安全帽、护目镜、绝缘手套、绝缘安全鞋、绝缘服。

(12)高压绝缘测试仪是新能源汽车维修的专用设备,用于测试新能源汽车高压线路或部件的绝缘值是否符合要求,特点是加高压测试,必须经过专业培训后方可操作。

技能训练

(1)汽车维修常用工具的识别及使用。

(2)世达工具套件的识别。

(3)汽车轮胎的更换。

(4)轮胎气压的检查。

(5)新能源汽车维修安全防护工具识别。

思考与练习

(一)填空题

1.在维修车辆时,不同的使用场合应选用不同的扳手,选择时按照"先_____、后_____、再_____、最后活动扳手"的原则。

2.扭力扳手与套筒扳手中的套筒配合使用,可以按规定施加所需的力矩,主要分为_____式、_____式和数显式等。

3.火花塞套筒主要有_____ mm、_____ mm 两个规格,套筒内部装有_____或_____。

4.新能源汽车维修安全个人防护工具主要包括:_____、_____、_____、_____、_____。

5.游标卡尺又称_____,简称_____,是由尺身和_____等制造而成的精密测量仪器。

(二)单项选择题

1.(　　)不适用于完全拧紧时使用,但是螺栓周围空间很小导致其他扳手无法使用时,只能使用其进行调整。

  A.开口扳手　　B.梅花扳手　　C.套筒扳手　　D.活动扳手

2.(　　)是拧紧螺栓的最佳选择。

  A.开口扳手　　B.活动扳手　　C.套筒扳手　　D.以上都不是

3.在使用气动冲击扳手时,技师甲使用冲击套筒的接杆,技师乙用镀铬套筒。谁做得对?(　　)

A. 只有甲对　　　B. 只有乙对　　　C. 甲、乙都对　　　D. 甲、乙都不对

4. 右图所示的工具为（　　），主要作用是（　　）。

　A. 活塞环拆装钳；将活塞装入汽缸

　B. 活塞环压缩器；从活塞上拆装活塞环

　C. 活塞环拆装钳；从活塞上拆装活塞环

　D. 活塞环压缩器；将活塞装入汽缸

5. 下图中哪种工具不可用于机油滤清器的拆卸？（　　）

　A.　　　　B.　　　　C.　　　　D.

6. 技师甲说："游标卡尺可以用来测量物体的外径。"技师乙："游标卡尺可以用来测量孔的内径。"谁说得对？（　　）

　A. 只有甲对　　　B. 只有乙对　　　C. 甲、乙都对　　　D. 甲、乙都不对

7. 百分表长指针表示的长度单位是（　　）。

　A. 1mm　　　B. 0.1mm　　　C. 0.01mm　　　D. 0.001mm

8. 在使用游标卡尺之前，应采取（　　）步骤。

　A. 在滑动部分涂上大量的润滑油

　B. 检查钳口的端面是否变形，并对看得见的变形之处进行调整

　C. 当钳口紧贴在一起时，检查零刻度是否对准

　D. 检查游标是否松开，并通过拧紧止动螺钉进行必要的调整

9. 右图所示外径千分尺的测量值是（　　）。

　A. 2.84mm　　　B. 23.4mm

　C. 2.34mm　　　D. 28.4mm

10. （　　）说明正确地表述了塞尺已被设置到适当的厚度。

　A. 尺片为当前最大厚度，从间隙中撤出尺片时并没有感到任何阻力

　B. 尺片为当前最大厚度，从间隙中撤出尺片时感到稍微有一点阻滞力

　C. 尺片厚度是所测量间隙能够容纳的最大厚度

　D. 尺片为当前最大厚度，从间隙中撤出尺片时感到相当大的阻滞力

（三）判断题

1. 装复火花塞时，可用火花塞扳手及配套手柄直接将其紧固。　　　（　　）

2. 为了方便起见,可使用尖嘴钳代替剥线钳去除导线绝缘层。　　　(　)

3. 拆卸气门或气门锁片时,必须使用气门弹簧钳对气门弹簧进行压缩。
　　　　　　　　　　　　　　　　　　　　　　　　　　　(　)

4. 游标卡尺是一种精密量具,能直接测量工件外径、内径、长度、深度等尺寸。
　　　　　　　　　　　　　　　　　　　　　　　　　　　(　)

5. 温度过高的工件可选用精密量具测量。　　　　　　　　　(　)

6. 百分表的轴心经常需要涂抹适量机油或润滑脂进行润滑。　(　)

7. 在维修新能源汽车需使用绝缘手套时,可以直接使用。　　(　)

8. 使用万用表测量新能源汽车高压线路或部件的绝缘值即可。(　)

9. 千分尺是一种精密量具,测量精度比游标卡尺高,且比较灵敏,千分尺的测量精度为 0.1mm。　　　　　　　　　　　　　　　　　　　(　)

10. 百分表的刻度盘圆周刻百 100 等份,当大指针转动 1 圈,则测杆的位移为 1mm。即大指针每小格值为 0.1mm。　　　　　　　　　　　　(　)

单元六
汽车检测与维修设备

学习目标

知识目标

1. 掌握常见汽车检测设备的名称及用途;
2. 了解发动机综合性能分析仪、示波器、歧管压力表、空调制冷剂回收加注一体机、四轮定位仪、测功机、四位一体机的基本结构及用途;
3. 了解新能源汽车动力蓄电池维修设备的名称及用途。

技能目标

1. 能正确使用汽车专用万用表;
2. 能正确使用汽车诊断仪。

素养目标

1. 培养爱护汽车检测与维修设备并适时养护的习惯;
2. 培养专业精神,形成优良学风。

 建议完成本单元的课时为 **6** 课时。

课题一 检测设备

汽车维修所用的常用检测设备见表6-1。

汽车维修常用检测设备　　　　表6-1

设备属性	设备名称
发动机检测	万用表

续上表

设备属性	设备名称
发动机检测	发动机综合性能分析仪
	汽车诊断仪
	示波器
	内窥镜
	汽车蓄电池检测仪
	尾气分析仪
	喷油器清洗仪
空调检测	歧管压力表
	空调制冷剂回收加注一体机
	制冷剂鉴定仪
	风速计
	制冷剂检漏仪
底盘检测	四轮定位仪
	测功机
	四位一体机

一 万用表

1 概述

常见的万用表有数字式和指针式两种,如图 6-1 所示。主要用于进行电流、电压、电阻以及导线的通断性、电子元件的检测等。

2 数字式万用表的使用

在汽车维修中使用最多的是数字式万用表,如图 6-2 所示。指针式万用表不能用于汽车电子元件的测试,否则可能会因检测电流过大而烧坏电控元件或 ECU。

数字式万用表工作可靠,最大的优点就是可以直接显示测量数据,而指针式万用表的读数不能直接显示,需要根据量程及指针摆度进行计算。

(1)液晶显示。如图 6-3 所示,若被测电压为负值,显示值前将带"﹣"号。

若所测电压超出量程,将会在屏幕左端显示"1"或"－1"。

a)数字式　　　b)指针式

图 6-1　万用表　　　　　　　图 6-2　数字式万用表

（2）电源开关。一般会在面板左上部显示屏下方字母"POWER"（电源）的旁边，"OFF"表示关，"ON"表示开，如图 6-4 所示。很多数字式万用表有"睡眠模式"，如果连续 30min 未使用万用表，没有输入信号，万用表自动进入"睡眠模式"，显示屏成空白，按任何按钮或转动旋转开关，可唤醒万用表。

图 6-3　万用表液晶显示　　　　图 6-4　万用表开关

（3）量程开关。在面板中央的量程开关配合各种指示盘,可完成不同测试功能和量程的选择,如图 6-5 所示。在测量之前一定要保证量程开关正确,以免外电路受损。

（4）输入插口。在面板的下部,标有"COM""VΩ""mA"和"20A"。使用时,黑表笔插入"COM"插孔,红表笔根据被测量的种类和大小插入"VΩ""mA"或"20A"的插孔中,如图 6-6 所示。

HFE 插口是测量晶体管直流放大倍数的,上面标有 B、C、E 字母,使用时将晶体管的 B、C、E 管脚插入相应的插口内,如图 6-7 所示。

图 6-5　万用表量程开关

图 6-6　万用表下部面板　　　图 6-7　万用表 HFE 插口

(5) 测量方法。

①直流电压。测量时将红表笔插入"VΩ"插口,黑表笔插入"COM"插口,将量程开关拨至"DCV"范围内的适当量程挡,打开电源开关,将红表笔接正极、黑表笔接负极,并联于电路测试点上,显示器上就出现测量值。

②交流电压。类同于直流电压测量,只是要把量程开关拨至"ACV"范围内的适当量程挡。需要注意的是,普通万用表不得接高于1000V的直流电压或有效值高于750V的交流电压。

③电阻。量程开关拨至"Ω"挡范围内的适当量程。将红表笔插入"VΩ"插口,并将黑表笔插入"COM"端子。测量表笔接触到被测元件的两端时,显示屏上便可显示此元件的电阻值。当把量程开关调至通断挡,若被测元件或导线不超过50Ω,蜂鸣器则会发出连续报警音,表明短路。

④直流电流。把红表笔插入"mA"插口,若所测电流大于200mA时,需插入"20A"插口,并将黑表笔插入"COM"端子。将量程开关拨到"DCA"范围内的适当量程挡,打开电源开关,将两表笔串联接在测量点上,在显示屏上读出测量值。

⑤交流电流。类同于直流电流的测量,只是要把量程开关拨至"ACA"范围内适当的量程挡。

⑥二极管测量。将量程开关旋至二极管符号挡,将红表笔插入"VΩ"插口,将黑表笔插入"COM"端子。将红表笔接到待测的二极管的阳极,而黑表笔接到阴极。此时,万用表上显示的是二极管的正向电阻。若将测试表笔的极性与二极管的电极反接,则显示屏读出来的是"1"或"0"。通过这样的测量,可以区分二极管的阳极和阴极,并可判断二极管的好坏。

二　发动机综合性能分析仪

发动机综合性能分析仪,指在发动机不解体的情况下,通过对其多种参数进行检测,能够对发动机进行性能分析和故障诊断的一种仪器,由硬件和软件组成。

发动机综合性能分析仪是现代汽车故障诊断不可或缺的重要检测设备,因厂家不同,类型也较多,但基本功能相似,图6-8所示的发动机综合性能分析仪为博世的FSA740,主要有如下功能模块。

❶ KTS 5××

KTS 5××实际上是一个汽车故障诊断仪(解码器),用于与汽车控制电脑(ECU)的通信,图6-9为KTS 540。

图6-8　发动机综合性能分析仪

图6-9　KTS 540

❷ 测量模块

如图6-10所示,测量模块是一个独立的模块,通过USB接口与计算机主机连接,其上预装了各种检测适配接头的插口,可连接不同的检测传感器,并包含可存储的双通道电子示波器和数字万用表,主要功能如下。

(1)点火系统初级、次级的点火波形。

(2)汽车上传感器、执行器的工作波形。

(3)进气系统的真空度。

(4)发动机的起动性能测量:起动电流、起动电压、起动转速。

(5)发动机的充电系统性能测量:充电电流、充电电压。

(6)发动机点火提前角测试。

(7)万用表功能等。

图 6-10 测量模块

1-温度传感器;2-蓄电池正负极连接线;3-1 端、15 端/EST/TN/TD 连接线;4-触发钳或发动机转速传感器;5-RS232 串行端口(后面,无功能);6-次级负极传感器;7-同主机进行连接的 USB 接口;8-次级正级传感器;9-模块电源输入;10-万用表测量通道 1 或 30A 电流测量钳;11-万用表测量通道 2 或 30A 电流测量钳/1000A 电流测量钳;12-正时灯;13-空气压力测量接口;14-无功能(功能扩展接口)

❸ ESI【tronic】(电子信息服务系统)

ESI【tronic】是一个电子版的配件和维修资料系统,包含维修引导、故障码说明、电路图等信息。

❹ 五气体尾气分析仪

五气体尾气分析仪如图 6-11 所示,可测量尾气中 CO、HC、CO_2、O_2、NO_x 五种气体的浓度,并通过尾气分析判断发动机燃烧方面的故障。

图 6-11 五气体尾气分析仪

三 汽车诊断仪

汽车诊断仪是一款专门针对汽车检测的专业仪器,对车辆故障进行检测,是检测车辆必备的一种工具,主要功能有读故障码、清故障码、读数据流、读冻结帧、动作测试、特殊功能等。

汽车诊断仪可分面向个人车主的车讯通汽车诊断仪和面向专业人员的汽车诊断仪两类。

(1)面向个人车主的车讯通汽车诊断仪。主要面向个人车主设计,采用集成技术,外观小巧且功能多,车主可通过手机实时查看检测数据。

（2）面向专业人员的汽车诊断仪。主要面对专业人员和汽车修理厂设计，具有多重诊断功能。

专业诊断仪一般分为专用型和通用型两种。专用型是指汽车生产厂家专门针对自己生产的汽车而设计的汽车诊断仪。图 6-12 所示为大众 VAS 6150B，4S 店用的是这种诊断仪。通用型是针对各种不同车型设计的，图 6-13 所示是金德 KT600，多被综合性汽车修理厂使用。

 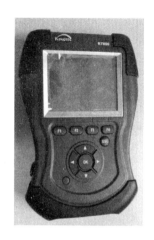

图 6-12　大众 VAS 6150B　　图 6-13　金德 KT600

通用型汽车诊断仪有多个不同的诊断接头，使用时可根据不同制造商或不同车型进行选择。所有采用第二代车载诊断系统（OBD-Ⅱ）的汽车的诊断接口都安装在相同位置，并且所有按 OBD-Ⅱ 设计的诊断仪能够适用于所有的 OBD-Ⅱ 系统。

四　示波器

示波器实际上是一个可视电压表，可以将一段时间内电压变化的电压信号转化成可视图像，信息以连续的电压变化曲线形式显示出来，称为波形。它是汽车诊断的重要仪器，图 6-14 所示为美国的 OTC 示波器，图 6-15 所示为通过笔记本式计算机处理显示的示波器。

五　歧管压力表

歧管压力表又称双流表，是用来维修汽车空调系统的设备，由 2 个压力表（低压表和高压表）、2 个手动阀（高压手动阀和低压手动阀）、3 个软管接头（1 个接低压工作阀，1 个接高压工作阀，1 个接制冷剂罐和真空泵入口）组成，如

图6-16所示。

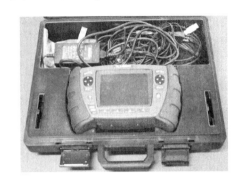

图6-14 OTC示波器

图6-15 通过笔记本式计算机处理显示的示波器

a)实物图

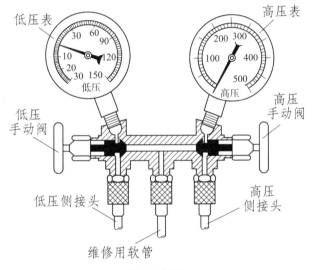

b)示意图

图6-16 歧管压力表

歧管压力表的主要功能如下。
(1)测试空调系统的高低压压力。
(2)为空调系统抽真空。
(3)为空调系统充注制冷剂。
(4)为空调系统排放制冷剂。

六 空调制冷剂回收加注一体机

为了保护环境,方便维修,在进行空调系统的维修时,目前多使用空调制冷剂回收加注一体机,如图6-17所示。其主要功能如下。

（1）制冷剂回收。依靠本机系统内部的压缩过滤装置把空调管路内的制冷剂回收到工作罐内。

（2）制冷剂再生。可分离空调系统内的冷冻机油和水分，达到再利用的标准，保证制冷剂的纯净，从而使制冷剂可循环使用。

（3）制冷剂加注。设定加注制冷剂量，向车辆加入相应量的同类型制冷剂。

（4）空调检漏。检测空调制冷剂管路是否存在泄漏，确保制冷剂管路密封良好。

（5）抽真空。给空调管路及设备管路抽真空。

（6）加注冷冻机油。设定冷冻机油量，向空调系统加入冷冻机油。

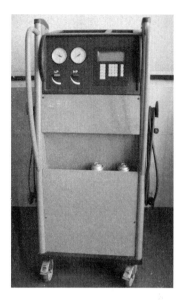

图 6-17　空调制冷剂回收加注一体机

七　四轮定位仪

❶ 汽车车轮定位的概念

汽车的车轮定位是指车轮、悬架系统元件以及转向系统元件，安装到车架（或车身）时的几何角度与尺寸必须符合一定的要求，保证汽车行驶的稳定性和安全性，减少汽车的磨损。

❷ 四轮定位仪的概念、分类及特点

汽车四轮定位仪是用于检测汽车车轮定位参数，并与原厂设计参数进行对比，指导使用者对车轮定位参数进行相应调整，使其符合原设计要求，以达到理想的汽车行驶性能（即操纵轻便、行驶稳定可靠、减少轮胎磨损）的精密测量仪器。

四轮定位仪主要分为 CCD 传感器定位仪和 3D 车轮定位仪两类，图 6-18 所示为百斯巴特的 CCD 传感器定位仪，图 6-19 所示为美国亨特的 HE 421 系列 3D 定位仪。3D 车轮定位仪相对 CCD 传感器定位仪来说价格比较昂贵，但有以下优点。

（1）目标板上无电子部件，不怕磕碰。

（2）无须电缆连接。

（3）如果设备没有故障，安装好后无须定期标定。

（4）更快的操作速度。

(5)最大转向角测量无须电子转角盘。

图6-18　CCD传感器定位仪主机　　图6-19　3D定位仪主机

❸ HE 421 3D四轮定位仪的特点

HE 421 3D四轮定位仪有以下特点。

(1)如图6-20所示,HE 421采用4只高清摄像头,每个摄像头分辨率为500万像素。

图6-20　HE 421 3D四轮定位仪

(2)每个摄像头测量一个目标板(图6-21),提高成像精度,获取更高的测量精度。

(3)每个摄像头测量一个目标板,可获得更大的目标板检测范围,举升机在第一锁齿落锁进行检测,当需要调整时,举升机可升高至1.3m的高度,可同时满足举升机在测量平面和调整平面的测量要求。

（4）摄像头采用 DSP 数字信号处理器，数据测量在摄像头完成，具有更快的测量和反应速度。

（5）如图 6-22 所示，HE 421 3D 一体式卡具——反光板提高了卡具安装速度和对轮辋的保护。

图 6-21　HE 421 3D 四轮定位仪的目标板　　图 6-22　HE 421 3D 四轮定位仪的卡具

（6）快速补偿模式，简化了烦琐的传统转轮式补偿。

八　测功机

测功机主要用于测试发动机的功率，也可作为齿轮箱、减速器、变速器的加载设备，用于测试它们的传递功率。主要分为水力测功机、电涡流测功机、电力测功机。电力测功机利用电动机测量各种动力机械轴上输出的转矩，并结合转速以确定功率的设备。因为被测量的动力机械可能有不同转速，所以用作电力测功机的电动机必须是可以平滑调速的电动机。目前用得较多的是直流测功机、交流测功机和涡流测功机。

马哈底盘测功机 FPS2700 如图 6-23 所示。FPS 2700 是诊断型底盘测功机，用于模拟路面行驶负载。连接马哈的排放测试仪和其他诊断设备，FPS 底盘测功机在负载情况进行更多的车辆诊断。

FPS 系列适合于总质量为小于 2700/5500kg 的乘用车和运货车，发动机最大额定功率为 260kW 和最大测试速度为 200km/h 的试验。

九　四位一体机

四位一体检测线如图 6-24 所示。其能够快速进行汽车的侧滑、轴重、制动

(包括制动鼓失圆度)和悬架等底盘系统的检测和诊断,只需要 3~4min,就可以全面判断汽车底盘系统的各种技术状况。通过单板侧滑的检测,不但可以检测汽车的侧滑量,还可以检测汽车的跑偏量,同时也可以判断这辆车是否需要做四轮定位;通过轴重的测量和制动的检测,可以判断制动鼓是否失圆,每个车轮的阻滞力,各个轴的制动力和、差,整车制动力以及驻车制动力;通过悬架的检测,可以连续测量出车辆的接地平稳性能,并计算出最小的理论接地平稳性能,从而判断悬架系统的技术状况,确定是否需要更换减振器。

图 6-23　底盘测功机

图 6-24　四位一体检测线

十　新能源汽车动力蓄电池维修设备

1 电池内阻测试仪

电池内阻测试仪的种类比较多,如图 6-25 所示为其中的一种。不同于万用表测量电阻的原理,它所测量的值是毫欧级,而万用表测量的值是欧姆级。万用表只能测无电源对象的阻值,而内阻仪既可测无电源对象的阻值,也可测有电源对象的阻值，所以两者不得等同。利用测量电池内阻阻值的大小来判断电池的状态。一般来说，其阻值越小电池的性能越好。具体使用必须在专业人员的指导下进行。

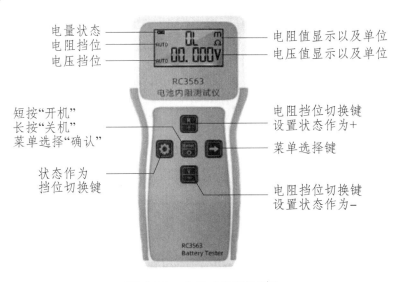

图 6-25　电池内阻测试仪

❷ 电池均衡仪

电池均衡仪的种类比较多，如图 6-26 所示为其中的一种。通过充电或放电把各串电芯电压调整到一致。均衡又分主动和被动两种，被动平衡是用电阻放电，主动平衡是让电荷在电池之间流动。其中，被动均衡在实际中应用较多，主动均衡较少。电池均衡仪的具体使用必须在专业人员的指导下进行。

图 6-26　电池均衡仪

课题二　维修设备

汽车维修常用的维修设备见表 6-2。

汽车维修设备　　　　　表 6-2

设备属性	设备名称
汽车举升吊运设备	发动机吊架
	变速器托架

续上表

设备属性	设备名称
汽车拆装设备	轮胎拆装机
	轮胎动平衡仪
汽车车身校正设备	车身校正仪
汽车涂装设备	油漆喷枪
	烤漆房
汽车清洗设备	汽车外部清洗设备
	汽车零件清洗设备
新能源汽车专用设备	动力蓄电池拆装举升平台

一 汽车举升吊运设备

❶ 发动机吊架

进行总成更换修理或交通事故处理需要更换发动机时,需要从汽车上拆卸发动机,要用到发动机吊架,如图6-27所示。

在使用发动机吊架时要特别小心,注意吊架轮子的锁定及钩子的可靠安装,需要在专业人员的指导下进行。

❷ 变速器托架

进行总成更换修理或交通事故处理需要更换变速器时,需要从汽车上拆卸变速器,要用到变速器托架,如图6-28所示。

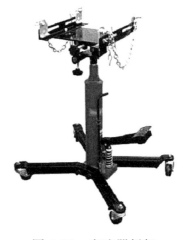

图6-27 发动机吊架　　图6-28 变速器托架

在使用变速器托架时要特别小心,注意轮子的锁定,需要在专业人员的指导下进行。

二 汽车拆装设备

❶ 轮胎拆装机

轮胎拆装机又称扒胎机。是在汽车维修时辅助拆卸、安装汽车轮胎的设备,目前拆胎机种类众多,有气动式和液压式两种。最常用的是气动式轮胎拆装机。

使用轮胎拆装机要经过专业人员的指导,注意事项参见各厂家的使用说明书,如图 6-29 所示。

❷ 轮胎动平衡仪

汽车的车轮是由轮胎、轮毂组成的一个整体。由于制造上的差异,整体各部分的质量分布不可能非常均匀。当汽车车轮高速旋转时,形成动不平衡状态,造成车辆在行驶中出现车轮抖动、转向盘振动的现象。

为了避免这种现象,就要使车轮在动态情况下通过增加配重的方法,使车轮校正各边缘部分的平衡。这个校正的过程就是动平衡,也就是加装平衡块。平衡块用铅合金制成,以 g 为单位,计有 5g、10g、15g 等,平衡块上有一个钢钩,可嵌扣在轮圈边缘上,也有贴在轮毂内侧的。

在实际中,使用轮胎动平衡仪(图 6-30)完成这个工作。使用时要经过专业人员的指导,注意事项参见各厂家的使用说明书。

图 6-29　轮胎拆装机　　图 6-30　轮胎动平衡仪

三 车身校正仪

车辆受到严重的撞击后,车身的外覆盖件和结构件钢板都会发生变形。车身外覆盖件的损坏可以用锤子、垫铁和外形修复机进行修复,但车身结构件的损坏修理仅依靠这些工具是不行的。车身的结构件非常坚固,强度也非常高,对于这些部件的整形,必须通过车身校正仪的巨大液压力才能够进行修复,使用车身校正仪可以快速精确地修理这些变形的构件。

车身校正仪是专用的车身校正设备,可以对各种类型、型号的车身进行有效校正,常见的车身校正仪如图6-31所示,主要由平台、上车系统及升降系统、主夹具、液压系统、塔柱拉伸系统、钣金工具和测量系统等组成。

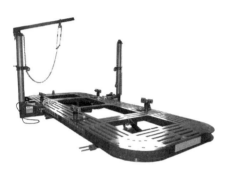

图6-31 车身校正仪

四 汽车涂装设备

汽车涂装设备包括空气喷涂装置和辅助系统。空气喷涂装置包括油漆喷枪、压缩空气供给、净化系统和输漆系统。辅助系统包括除尘空调通风系统、排风清除漆雾的烤漆房。

1 油漆喷枪

喷涂环节最重要的是油漆喷枪,直接影响油漆成膜质量,油漆喷枪如图6-32所示。

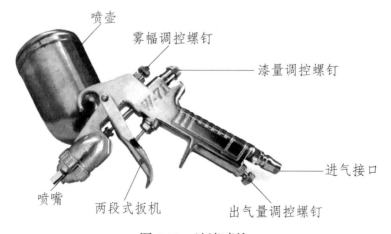

图6-32 油漆喷枪

❷ 烤漆房

烤漆房一般是用来喷涂和烘烤产品油漆的,如图 6-33 所示。烤漆房最确切的描述应为"喷烤漆房"。一般喷漆烤漆时先期做物体表面处理,无尘打磨。

五 汽车清洗设备

清洗作业是汽车保修、检测过程中必不可少的重要环节,它不仅关系到车辆及其总成的外观,而且会影响车辆的保修、检测质量、工时及成本。因此,合理地选用或设计较先进的清洗设备,正确选用清洗剂及编制清洗工艺对保证清洗质量,提高清洗工作效率,降低汽车保修成本,减轻保修的劳动强度等都具有十分重要的意义。

汽车清洗设备,按用途不同可分为汽车外部清洗设备和汽车零件清洗设备,按清洗对象不同,又可分为清洗外部沉积物(污泥、尘土),清洗零件油污,清除水垢、积炭以及去除锈蚀物、油漆等设备。

图 6-34 所示为全自动汽车清洗设备。

图 6-33　烤漆房

图 6-34　全自动汽车清洗设备

六 动力蓄电池拆装举升平台

进行动力蓄电池更换修理或因交通事故而需要更换动力蓄电池时,需要从新能源汽车上拆卸动力蓄电池,这要用到动力蓄电池拆装举升平台,如图 6-35 所示。

动力蓄电池拆装举升平台型号较多,部分新能源汽车有专用的动力蓄电池拆装举升平

图 6-35　动力蓄电池拆装举升平台

台,有电动和气动之分,使用时需要在专业人员的指导下进行。

单元小结

(1)数字式万用表是汽车维修时电路检测的常用设备,主要用于进行电流、电压、电阻以及导线的通断性、电子元件的检测等。

(2)发动机综合分析仪是现代汽车故障诊断的重要设备,一般具有解码器功能、示波器功能、尾气分析功能、信号模拟功能、发动机各系统性能测试功能等。

(3)汽车诊断仪可实时检测车辆的数据,并对车辆故障进行检测,主要功能有读故障码、清故障码、读数据流、读冻结帧、动作测试、特殊功能等。

(4)歧管压力表由高压表、低压表、高压手动阀、低压手动阀、阀体及3个软管接头组成。由于R134a的沸点较低,在处理时必须小心,要戴防护镜、手套,以免制冷剂直接接触皮肤。

(5)制冷剂回收加注一体机具有歧管压力表的所有功能,但价格比较贵。为了保护环境,现在尽量推荐使用制冷剂回收加注一体机,而不用歧管压力表。

(6)汽车四轮定位仪是用于检测汽车车轮定位参数,并与原厂设计参数进行对比,指导使用者对车轮定位参数进行相应调整,使其符合原设计要求,以达到理想的汽车行驶性能的精密测量仪器。

(7)四位一体机主要检测汽车的侧滑、轴重、悬架共振频率、制动(包括制动鼓失圆度)四项。

(8)车身校正仪是专用的车身校正设备,可以对各种类型、型号的车身进行有效校正,常见的车身校正仪主要由平台、上车系统及升降系统、主夹具、液压系统、塔柱拉伸系统、钣金工具和测量系统等组成。

(9)汽车涂装设备包括空气喷涂装置和辅助系统。空气喷涂装置包括喷枪、压缩空气供给、净化系统和输漆系统。辅助系统包括除尘空调通风系统、排风清除漆雾的烤漆房。

技能训练

(1)万用表的使用。

(2)汽车检测维修设备的认知。

(3)轮胎拆装机的使用。

(4)轮胎动平衡仪的使用。

单元六 汽车检测与维修设备

> 思考与练习

(一) 填空题

1. 万用表主要用于进行电流、_____、_____以及导线的_____、电子元件的检测等。

2. 汽车诊断仪的主要功能有读故障码、_____、读数据流、读冻结帧、_____、特殊功能等。

3. 歧管压力表是用来维修汽车空调系统的设备,由 2 个压力表(_____和_____)、2 个手动阀(_____和_____)、3 个软管接头(1 个接低压工作阀,1 个接高压工作阀,1 个_____)和真空泵入口组成。

4. 四位一体机能够快速进行汽车的侧滑、_____、_____和悬架等底盘系统的检测和诊断。

5. 高压绝缘测试仪用于测试新能源汽车高压线路或部件的_____是否符合要求,特点是_____。

(二) 单项选择题

1. 下列( )图示显示了测量电阻线圈的正确方法。

A.　　　　　　　　　　B.

2. 技师甲说:"示波器将信息经连续的电压变化曲线形式显示出来,测量更精确。"技师乙说:"示波器只能测试静态信息。"谁说得对?( )

A. 只有甲对　　B. 只有乙对　　C. 甲、乙都对　　D. 甲、乙都不对

3. 由汽车诊断仪进行的测试也可以由以下哪项进行?( )

A. 喷油器电路信号检测灯　　　　B. 尾气分析仪

C. 汽车综合分析仪　　　　　　　D. 数字式万用表

4. 对 OBD-Ⅱ的主要特点,说法错误的是( )。

A. 装有 OBD-Ⅱ的诊断插座是 16 端子诊断插座,统一安装在驾驶室仪表板下方

B. OBD-Ⅱ具有数据传输功能

C. OBD-Ⅱ具有自我诊断功能

D. 装用OBD-Ⅱ的汽车,故障码及含义不需要统一

5. 车辆受到严重的撞击后,整体式车身的结构件的变形可以通过(　　)进行修复。

　　A. 四位一体机　　B. 四轮定位仪　　C. 车身校正仪　　D. 轮胎动平衡仪

(三)判断题

1. 使用万用表测量电容前,只要断开电路电源就可以。　　　　　　　　(　　)

2. 就测量电阻来说,一个处于良好状态的部件,其电阻值一定小于0.01Ω。

(　　)

3. 汽车四轮定位仪是用于检测汽车车轮定位参数,并与原厂设计参数进行对比,指导使用者对车轮定位参数进行相应调整,使其符合原设计要求。(　　)

4. 测功机主要用于测试发动机的功率,也可作为齿轮箱、减速器、变速器的加载设备,用于测试它们的传递功率。　　　　　　　　　　　　　(　　)

5. 四位一体机能够快速进行汽车的侧滑、轴重、定位和悬架等底盘系统的检测和诊断。　　　　　　　　　　　　　　　　　　　　　　　　　(　　)

单元七 汽车维修概论

学习目标

知识目标

1. 了解汽车维修业的发展概况及趋势；
2. 掌握汽车维修企业的类别及其经营范围；
3. 了解汽车维护的意义、原则和分级；
4. 掌握汽车维修安全知识。

素养目标

1. 培养环保、节能、安全的意识；
2. 树立服务社会，实现自我的意识。

建议完成本单元的课时为 **6** 课时。

课题一　汽车维修行业概述

一　汽车维修业的概念

汽车维修业是由汽车维护和修理厂点组成的、为在用汽车服务的、相对独立的行业。汽车维修业通过维护和修理来维持和恢复汽车技术状况，延长汽车使用寿命，是汽车流通领域中的重要组成部分。

二 汽车维修业发展概况和趋势

1 汽车维修业发展过程及特点

汽车维修是保证汽车正常使用,延长汽车使用寿命,使其发挥最大效益的技术保障。它是为汽车的使用者,为社会发展服务的。因此,汽车维修业必然伴随着汽车工业的发展、公路的发展和汽车保有量的增加而发展。

随着我国汽车工业的高速发展,我国的汽车维修业正在发生着一场深刻的变革,发展过程如图7-1所示。

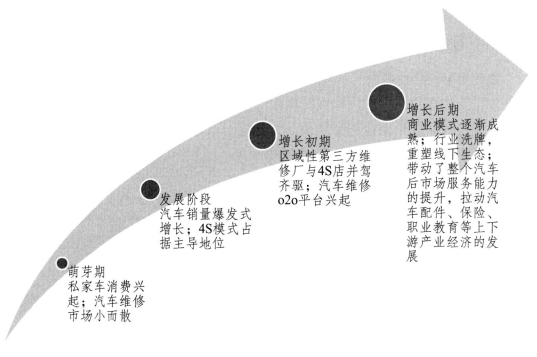

图7-1 汽车维修业发展过程

通过对整个汽车维修业的发展进行分析,可以归纳出以下几个特点:

(1)原有的交通部门独家经营的专业汽车修理厂,主要是一些规模较大的国营汽车修理专业厂。这些企业技术力量强,设备齐全,管理水平高,是行业的骨干力量。

(2)各专业运输企业附属的汽车修理厂或维修车间,主要是为本企业的车辆维修服务,剩余力量为社会车辆维修服务。

(3)社会上车辆较集中的各企事业单位、机关团体等原为自用车服务的汽车修理厂,改革开放后,这些维修厂基本上已脱离原单位,或者成为所谓三产,独立注册向社会开放,搞独立核算,或者实行经营承包,发展很快。

(4)改革开放以后,出现了城乡新建的汽车修理厂点和中外合资、中外合作、外商独资的维修企业。

(5)随着汽车维修市场需求的变化,汽车运输服务细化,主流客户群的转变,汽车维修连锁经营、汽车用品超市、汽车维修救援、汽车俱乐部、汽车保险、汽车金融等新生事物不断出现,使汽车维修市场不断完善。

(6)中国汽车维修行业协会的成立和各省(自治区、直辖市)汽车维修行业协会分会的逐步建立,作用越来越大,行业的自我管理、自我约束、自我发展的自律意识不断提高,并逐步向国际化靠拢。

❷ 汽车维修业发展趋势

目前国内汽车维修业的发展趋势,归纳起来有以下几个方面。
(1)汽车维修业朝着规模化的方向发展。
(2)汽车维修业依靠提高科技含量,增强竞争能力。
(3)汽车维修业朝着专业化、工业化的方向发展。
(4)采用先进的管理手段,向管理要效益。
(5)汽车维修业装备高新技术化。
(6)发展汽车维修救援。
(7)将二手车市场引进汽车维修企业。

截至2023年12月底,我国汽车保有量达4.35亿辆。随着家用汽车持续增长,汽车知识更加普及,都市节奏不断加快,广大车主的维修消费观念将更趋理性成熟,消费结构发生深刻转变,消费需求更趋多样化,汽车定期维护检测、个性化、品质化维修服务需求将大幅增加,品牌化、连锁化快修服务将备受青睐。

三 汽车维修企业的类别及其经营范围

《汽车维修业经营业务条件 第1部分:汽车整车维修企业》(GB/T 16739.1—2023)、《汽车维修业经营业务条件 第2部分:汽车综合小修及专项维修业户》(GB/T 16739.2—2023)对汽车维修企业的类别和经营范围有明确规定。根据规定,汽车维修企业分为汽车整车维修企业、汽车综合小修及专项维修业户。

汽车整车维修企业是指有能力对所承修车型的整车、各个总成及主要零部件进行各级维护、修理及更换,使汽车的技术状况和运行性能完全(或接近完全)恢复到原车的技术要求的汽车维修企业。按规模大小分为一类汽车整车维修企

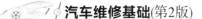

业和二类汽车整车维修企业。

汽车综合小修业户是指从事汽车故障诊断和通过修理或更换个别零件,消除车辆在运行过程或维护过程中发生或发现的故障或隐患,恢复汽车工作能力的维修业户。汽车专项维修业户是指从事汽车发动机维修、车身维修、电气系统维修、自动变速器维修、轮胎动平衡及修补、四轮定位检测调整、汽车润滑与养护、喷油泵和喷油器维修、曲轴修磨、汽缸镗磨、散热器维修、空调维修、汽车美容装潢、汽车玻璃安装及修复等专项维修作业的业户。它们均属三类维修企业。

汽车维修企业的类别及其经营范围见表7-1。

汽车维修企业类别及其经营范围　　　　　　　表7-1

汽车维修企业类别		经营范围
汽车整车维修企业	一类维修企业	可以从事相应车型的汽车整车修理、总成修理、整车维护、小修、维修救援、专项修理和维修竣工检验工作
	二类维修企业	可以从事相应车型的汽车整车修理、总成修理、整车维护、小修、维修救援和专项修理工作
汽车综合小修业户	三类维修企业	可以从事汽车故障诊断和通过修理或更换个别零件的工作
汽车专项维修业户		可以分别从事汽车发动机、车身、电气系统、自动变速器维修及车身维修、轮胎动平衡及修补、四轮定位检测调整、汽车润滑与养护、喷油泵和喷油器维修、曲轴修磨、汽缸镗磨、散热器维修、空调维修、汽车美容装潢、汽车玻璃安装及修复等工作

课题二　汽车维修制度

一　汽车维护制度

1 汽车维护的原则和任务

我国现行的汽车维护贯彻"预防为主,周期维护"的原则。汽车维护的任务是保持车容整洁,降低零件磨损速度,预防故障发生,延长汽车使用寿命。

2 汽车维护分类

汽车维护分定期维护和非定期维护。定期维护分日常维护、一级维护和二级维护;非定期维护分为换季维护和走合期维护。换季维护可结合定期维护进行。

❸ 汽车维护的作业规范

汽车维护作业包括清洗、检查、补给、润滑、紧固、调整等内容。一般除主要总成发生故障必须解体外,不得对车辆总成进行解体,这就明确了维护和修理的界限。车辆进行维护时,不能对其主要总成大拆大卸。

当车辆进入冬、夏两季运行时,一般结合二级维护对车辆进行季节性维护。

❹ 汽车维护周期

(1) 日常维护。日常维护的周期为出车前、行车中和收车后。

(2) 一、二级维护。汽车一、二级维护周期的确定,应以汽车行驶里程为基本依据,对于不便用行驶里程统计、考核的汽车,可用行驶时间(天)间隔确定周期。实践中,汽车一、二级维护周期(行驶里程或时间间隔)主要依据车辆使用说明书的有关规定,结合汽车使用强度和条件等因素来确定。

在汽车制造商提供的每一辆汽车的随车文件中,车辆使用说明书是一份必不可少的使用技术资料。它对该型车辆维护的分级、周期及各级维护的作业内容都有明确规定,并要求车辆在使用过程中严格执行,尤其是车辆在初期行驶期间应到制造商指定的特约维修站进行维护。我国汽车用户对汽车一、二级维护及发动机油更换的周期,主要以汽车制造商推荐的周期为标准。

❺ 各类维护的作业范围

(1) 日常维护。日常维护是日常性作业,由驾驶人负责执行。其作业中心内容是清洁、补给和安全检视。

(2) 一级维护。一级维护由维修企业负责执行。其作业中心内容除日常维护外,以清洁、润滑、紧固为主,并检查有关制动、操纵等安全部件。

(3) 二级维护。二级维护由维修企业负责执行。其作业中心内容除一级维护外,以检查、调整转向节、转向摇臂、制动蹄片、悬架等经过一定时间的使用容易磨损或变形的安全部件为主,并拆检轮胎,进行轮胎换位,检查调整发动机工作状况和排气污染控制装置等。

车辆二级维护前,应进行检测诊断和技术评定,根据检测结果,确定附加作业或小修项目,结合二级维护一并进行。

(4) 换季维护。是汽车运行环境(如季节)转换之前,为适应运行条件变化,结合汽车定期维护作业,另外附加一些相应的作业项目所进行的维护。

(5)走合期维护。新车出厂或大修(包括发动机大修)后,初期行驶的一段里程(一般为1500~2000km)称为走合期,在这段时期对车辆所进行的维护称走合期维护。

我国现行的汽车维护制度,着重于加强强制性的日常维护,增强检测性定期维护。即对日常维护和一级维护实行定期强制执行,以提高安全、节能、环保与寿命等性能;对二级维护先检测诊断和技术评定,根据结果确定附加作业或小修项目,结合二级维护一并执行。

二 汽车修理制度

1 汽车修理的原则和任务

我国现行的汽车修理贯彻"视情修理"的原则,即根据车辆检测诊断和技术鉴定的结果,视情按不同的作业范围和深度进行。汽车修理的任务是将达到工作极限的汽车恢复工作能力。

2 汽车修理的分类

汽车修理按作业范围可分为汽车大修、总成大修、汽车小修和零件修理4类。

(1)汽车大修。是指车辆在行驶一定里程(或时间)后,经过检测诊断和技术鉴定,用修理或更换车辆任何零件的方法,恢复车辆技术状况的恢复性修理。其目的是恢复车辆的动力性、经济性、可靠性,使车辆的技术状况和使用性能达到规定的技术条件。

(2)总成大修。是指车辆在行驶一定里程(或时间)后,用修理或更换总成任何零部件(包括基础件)的方法,恢复某一总成的完好状况和寿命的恢复性修理。

(3)汽车小修。是指用更换或修理个别零件的方法,保证或恢复车辆工作能力的运行性修理,主要在于排除车辆运行中发生的临时性故障和发现隐患及局部的损伤。

(4)零件修理。是指对因磨损、变形、损伤等原因而不能继续使用的零件进行修理。零件修理要遵循经济合理的原则。

课题三 汽车零件的修复方法

汽车零件在使用中会产生磨损、裂纹、折断和变形,修复时可采用机械加工、压力加工、电镀加工、金属喷涂加工、焊接加工、黏结及涂装等方法。

一 机械加工修复法

金属零件的切削加工称为机械加工。机械加工修复法是通过车、刨、铰、铣、镗、磨等机械加工方式,来恢复零件正确的几何形状和配合特性。机械加工修复法常用的工艺方法有:修理尺寸法、附加零件法、零件局部更换法、翻转或转向修理法(表7-2)。

机械加工修复法　　　　　　　　表7-2

方法	概念	适用部件
修理尺寸法	通过机械加工的方式,除去零件的表层,使零件具有规定的几何形状和新的尺寸;它适用于孔的扩大和轴的缩小两种情况	汽缸、曲轴等部件
附加零件法	轴和孔磨损过甚或加工到最后一级修理尺寸后,在零件力学容许的条件下,可以加工至较大尺寸,镶入一个套筒或衬套,并加以固定,然后加工至标准尺寸	轴与孔之间
零件局部更换法	修复零件局部磨损过大或局部损坏	齿轮、花键等
翻转或转向修理法	将零件转一角度或翻面,用未磨损的部位代替磨损的部位	飞轮齿圈的齿

二 压力加工修复法

用压力使零件的变形得到矫正,恢复零件标准形状的加工方法称为压力加工修复法。汽车在使用中,零件由于受残余应力、温度或者事故等原因,会产生弯曲、扭曲和翘曲等变形。用压力加工修复法进行修复简便易行,对一般金属零件的变形进行矫正都可以使用,如连杆弯曲、扭曲,气门杆弯曲和工字梁弯曲都可以使用这种方法消除变形,以恢复零件的正确形状。

三 电镀加工修复法

电镀是将金属零件浸入电解液中,以零件为阴极,通入直流电,在电流的作用下,电解液发生电解现象,使溶液中的金属析出,吸附到被镀金属表面,形成电镀层。

电镀修复法不仅可以恢复零件的尺寸,改善其表面性能,同时因电镀过程中温度不高,不会引起零件变形,也不会影响原来的热处理性能。电镀是汽车零件修复的重要方法之一。目前应用较广的是镀铬和镀铜。

四、金属喷涂加工修复法

金属喷涂也称金属喷镀,它是用压缩空气的高速气流将金属粉末或熔化的金属吹散成雾状并喷射到准备好的粗糙干净的零件表面上,形成金属涂层。

金属喷涂分为电喷涂和气体喷涂两种。电喷涂是利用电弧熔化金属丝,气体喷涂是用氧气—乙炔火焰熔化金属丝;两者都是利用高压空气将熔化的金属微粒,均匀地冲击黏附在零件表面上,形成喷涂层。金属喷涂在汽车修理中应用广泛。

五、焊接修复法

焊接修复法是依靠电弧或火焰的热量将金属和焊丝熔化,熔焊在零件上,达到填补零件磨损和恢复零件完整的加工方法。焊接修复法可以得到较高的结合强度,焊层的厚度又便于控制,设备比较简单,维修成本低。因此,焊接修复法已经成为汽车维修行业中最常用且不可缺少的一种修复方法。

焊接的种类有电弧焊和气焊两种。电弧焊是利用电弧放电的能量,使金属熔化为一体。气焊是利用氧气和乙炔在燃烧过程中产生大量热,使金属和焊丝熔化后焊接的原理。

六、黏结修复法

黏结修复法工艺简单,设备少,成本低,不需要对工件加热,没有变形。常用的黏结分为有机黏结和无机黏结两种。修复零件时要考虑黏结的强度和零件耐受的温度。温度较高的零件部位应选无机黏结法,常用氧化铜胶进行黏结;零件要求强度较大的部位可以选用环氧树脂胶进行黏结,并用玻璃丝布提高黏结强度。

氧化铜胶由氧化铜粉和无水磷酸调和而成,两者化学反应后生成磷酸铜。磷酸铜吸收水分成为结晶水化合物后固化,成为一种"水泥",用于黏结、填补和堵漏。磷酸铜与钢铁零件发生置换反应后反而增加了黏结强度。

环氧树脂胶由环氧树脂和固化剂、增塑剂、填料等组成,是高分子有机化合物。它能与多种材料表面形成化学键而结合,产生强大的黏结力,固化收缩小,绝缘性好,耐腐蚀,耐油,使用方便。缺点是固化后较脆,韧性差,耐温性较差。

七 涂装修复法

汽车涂装修复的目的在于美观、防锈和提高汽车的商品价值。用各种涂装材料覆盖车身内外表面是车身修复作业中的最后一道程序,并直接关系到车身维修质量的优劣。此外,涂装修复与车身维修中的其他作业联系紧密。一方面,涂装可以弥补其他作业中留下的缺陷;另一方面,如果焊接、钣金、钳工等作业的基础不好,也会直接影响车身的涂装质量。

涂装修复法的步骤如下。

(1)涂漆前的表面处理(除漆、除锈、修补)。

(2)刮补原子灰。

(3)车身涂漆。

课题四 汽车维修安全知识

汽车维修安全知识是汽车维修过程中最基本、最重要的知识之一,不懂得安全作业,会导致机损和人身伤害事故,严重时甚至会造成人身伤亡和巨大的经济损失。

汽车维修安全主要包括两项内容:汽车维修作业安全和汽车维修工具设备的使用安全。

一 汽车维修作业安全

汽车维修作业安全主要包括个人安全防护、用电安全、防火安全、工作场所的安全、车下作业安全、汽车危险性废料处理等几个方面,如图7-2所示。

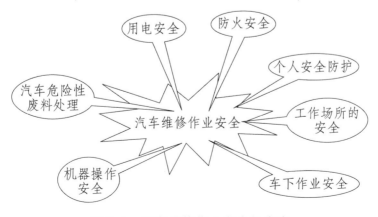

图7-2 汽车维修作业安全的内容

❶ 个人安全防护

汽车维修作业中要保护好个人安全,使自己免受伤害。个人安全防护包括使用防护装置、穿戴安全、规范的职业行为等。

(1)眼睛的防护。当工作环境存在损伤眼睛的风险时,就要戴上护目镜,常见的眼睛防护用品如图 7-3 所示。主要有带侧护边型护目镜和全封闭型护目镜。

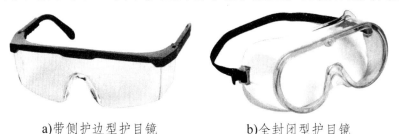

a)带侧护边型护目镜　　b)全封闭型护目镜

图 7-3　常见的眼睛防护用品

如果蓄电池酸液、燃油、溶剂等化学品进入眼睛,要用清水长时间冲洗眼睛,还要及时让医生进行药物处理。

(2)服装及装束要求。

①服装。工作时穿着的服装不但要合体舒适,还要结实。宽松的服装很容易被运动的零部件和机器挂住,也不要系领带。图 7-4 所示为汽车维修技师工作着装对比。

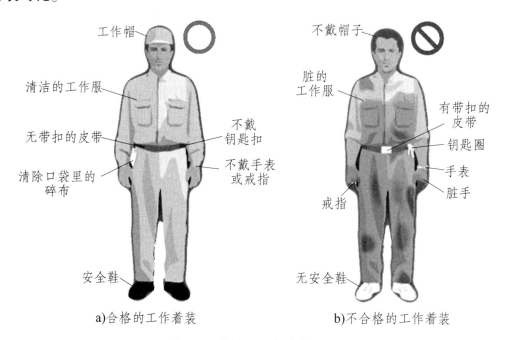

a)合格的工作着装　　b)不合格的工作着装

图 7-4　维修工工作着装比较

②头发。蓬松的长发和悬挂的饰物也很容易引发事故,在靠近运动零部件和机器时头发很可能被挂住。如果头发很长,工作时就应将其扎在脑后,或者塞到帽子里。不要戴戒指、手表、手镯和项链,这些都很容易被运动的零部件挂住,造成严重损伤。

③鞋。维修汽车时,足部常见的危害因素有物体砸伤或刺伤、高低温伤害、化学性伤害、触电伤害和静电伤害等,所以一定要穿具有防滑、绝缘、安全等功能兼于一体的相应标准的工鞋(绝缘鞋),从而对脚部进行更好的保护。运动鞋、休闲鞋和凉拖鞋都不适合在车间穿。无论在任何类型的混合动力电动汽车或纯电动汽车上进行作业时,技术员都必须穿相应标准的绝缘鞋。应根据工作环境或设备的电压选择相应等级的绝缘鞋,如图7-5所示。

④手套。工作中戴上手套不仅可以保护手,避免损伤手,而且能防止通过手染上疾病,也能使手保持干净。在进行不同的作业时,应选戴不同类型的手套,如进行焊接作业或取拿高温物件时,应选戴厚手套;在处理强腐蚀性或危险性化学品时,应戴上聚亚安酯或维尼龙手套,以免皮肤被化学品烧伤。戴上乳胶手套可以防止油污沾到指甲上,以预防疾病。戴乳胶手套很舒服,但在接触汽油、机油和溶剂时很容易损坏。戴橡胶手套不如戴乳胶手套舒服,但不怕汽油、机油和溶剂。

⑤绝缘手套。新能源汽车涉及高压组件,在维护作业时触摸高压部件,必须佩戴绝缘手套,如图7-6所示。绝缘手套在使用过程中,技术人员必须对手套进行检查、测试,然后才能在车辆上进行维修作业。

图7-5 工鞋(绝缘鞋)　　　　图7-6 绝缘手套

(3)呼吸系统防护。汽车维修技师经常在有毒化学气体环境中工作,不论是暴露在有毒气体中,还是在过量尘埃中,都要戴上呼吸器或呼吸面罩,如图7-7所示。在用清洗剂清洗零部件和喷漆时,就需要戴上呼吸面罩进行作业;处理有害物质或吸附了灰尘的部件时,也一定要戴高效呼吸面罩。

a)全面罩　　　　　　　　b)半面罩

图7-7　呼吸面罩

(4)听力保护。在噪声很大的环境里工作时间过长,会导致听力下降甚至丧失。例如,发动机在大负荷下运转、使用气动扳手等情况下,都会产生很大的噪声。在这种环境下工作时,就应该戴上耳罩或耳塞。常见的耳罩和耳塞如图7-8所示。

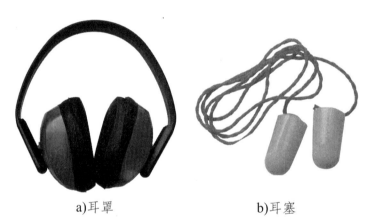

a)耳罩　　　　　　　　b)耳塞

图7-8　常见的耳罩和耳塞

(5)举升和搬运。在用人力举升和搬运重物时,姿势要合理,同时要采取保护措施。例如,在搬起重物时,要挺直背;搬起时要腿部用力,而不是背部用力,如图7-9所示。如果姿势不当,很容易导致受伤。

❷ 用电安全

汽车维修车间里有很多电气危害。通常电气设备用于研磨、钻孔、珩磨等。当使用这些设备时,可能会出现严重的触电或电击。磨损的电线、设备上绝缘不良或有缺陷的线缆都会造成触电。电击的严重程度与受害者被电击电流的大小和电击时间有关。为减少电气设备的电击危险,必须注意以下安全事项。

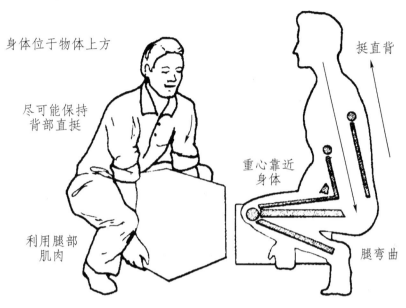

图 7-9 搬运重物的合理姿势

(1)使用三脚接地插头或者双层绝缘设备。如果插座只有两个插孔,不要把三脚插头的接地脚去掉。如果必须要用到转接器,则引出线(常为绿色)应接到固定墙壁插座面板的螺钉上。

(2)确保电气设备的所有电线没有磨损并且性能良好。

(3)一定要有接地故障保护器。当线路意外地发生接地故障时,这个装置会切断通过人体的电流。接地故障电路保护器或者连接在面板断电器上或者作为电插座的一个主要部分。这种反应灵敏的断路器将会快速切断通往工具的电流,这样操作人员只会受到少量的电击。

(4)如果电气设备如钻孔机、手摇砂轮机似乎要出现短路(能听到工具外壳有电弧或电击的声音)时,要快速关闭机器,并请电工检查设备是否出现短路或接地故障。

(5)使用电气设备时,要保持双手干燥,不可站在地上有水的地方。

❸ 防火安全

汽车维修从业人员都应知道车间里可能发生的火灾种类和灭火器的位置,会正确使用灭火器灭火。某些火灾只有用一些特定的灭火器才能灭火。火灾的种类、含义及灭火器的选用见表 7-3。

火灾的种类、含义及灭火器的选用　　　　　　　　　表 7-3

火灾的种类	含义及灭火原理	典型引灾燃料	适用的灭火器类型
A 类火灾	含义：指固体物质火灾； 灭火原理：降低温度或覆盖可以灭火	木材、棉、麻、纸张、布、橡胶、垃圾、装潢材料等	水灭火器； 泡沫灭火器； 通用干粉灭火器
B 类火灾	含义：指液体火灾和可熔化的固体物质火灾； 灭火原理：可用毯子将整个着火液体表面盖住，通过隔离灭火	汽油、机油、润滑油、油漆、轻油等	泡沫灭火器； 二氧化碳灭火器； 卤化物灭火器； 干粉灭火器； 紫色 K 灭火器； 通用干粉灭火器
C 类火灾	含义：指气体火灾	煤气、天然气、甲烷、乙烷、丙烷、氢等	二氧化碳灭火器； 卤化物灭火器； 通用干粉灭火器
D 类火灾	含义：指金属火灾； 灭火原理：要用专用灭火剂通过窒息或覆盖灭火	钾、纳、镁、钛、锆、锂、铝镁合金等	干粉灭火器
E 类火灾	含义：指电气设备火灾； 灭火原理：应尽快切断电源，一定要使用不导电的灭火器，以免受到电击	电动机、用电设备、电线、熔断器、开关面板等	二氧化碳灭火器； 卤化物灭火器； 干粉灭火器； 紫色 K 灭火器； 通用干粉灭火器

图 7-10　手提式灭火器

灭火器的种类很多，按其移动方式可分为：手提式和推车式；按驱动灭火剂的动力来源可分为：储气瓶式、储压式、化学反应式；按所充装的灭火剂则又可分为：泡沫、干粉、卤代烷、二氧化碳、酸碱、清水等。图 7-10 所示为常见的手提式灭火器。每种灭火器外面都标明了该灭火器所能扑救的火灾类型。

灭火器的使用原则如下。

（1）灭火器不能放在离可能发生火灾的地方太近。

(2)灭火器应尽量放在靠近门的地方,这样一旦发生火灾可以方便地拿到。

(3)拉开关前,在确保自己不受伤的前提下,尽可能地靠近火源。灭火剂会很快释放尽,大多数小型干粉灭火器只能释放 10~20s。

(4)将喷嘴直接对准火焰底部,并用灭火器对整个燃烧区扫射。

(5)在身后保留一个门或其他的逃脱途径,一旦火势无法控制,很容易快速逃脱。

❹ 工作场所的安全

汽车维修场所是一个很复杂的环境,存在很多潜在的危害。这些危害有化学的、物理的、人机工程学的和生物的。化学危害物质包括汽油、清洗剂、防冻液等;物理危害来源于超标的噪声、振动、温度、压力、冲压、磨削加工、电击等;人机工程危害包括设计不合理的工具、举升不当、不易触及、采光不良等。

可见,汽车维修场所存在着很多安全隐患,但只要每一个人对安全工作尽职尽责,及时排查和整治安全隐患,就可以减少或避免安全事故的发生。

❺ 车下作业安全

在汽车下进行维修作业时,要确保汽车举升机的保险锁止装置是可靠的,并做好自我防护工作,以防汽车零件、脏物、工具等掉落而伤害自己。

❻ 汽车危险性废料的处理

汽车维修车间里会产生很多种危险材料和废弃物。危险材料是指具有可燃性、腐蚀性、化学反应性能及 EP 毒性的材料。危险废弃物是指被已经用过并且需要处理的材料。汽车维修车间里一些主要的废弃物包括:机油、汽油、柴油、溶剂、冷却液、空调制冷剂、蓄电池、蓄电池中的硫酸、轮胎、涂料、制动液、制动摩擦片、清洗液、机油滤清器、变速器液、主减速器和差速器液、离合器片及喷漆和车身修理产生的废弃物等。

对危险废弃物应进行回收利用,不得随意丢弃或倾倒。如不得扔到垃圾筒、倒入下水管、水池、洗手间、地面排水管里及埋入地下等。对无法循环利用的废弃物,应按要求进行分离、分类和废弃处理。

❼ 新能源汽车高压电气系统安全作业防护要求

(1)维修人员必须穿戴必要的安全防护用品,如绝缘手套(需准备防高压电工手套及防电池电解液酸碱性手套两种)、绝缘鞋、绝缘垫和护目眼镜等,耐压等级必须大于需要的最高电压。

(2)使用绝缘手套前必须检查是否有破损、破洞或裂纹等,手套应完好无损,确保安全。

（3）使用绝缘手套、绝缘胶鞋等防护用品前应检查内外表面是否洁净、干燥，不能带水进行操作，确保安全。

（4）维修车辆时，必须设置专职监护人一名，监护人工作职责为监督维修的全过程，具体如下。

①监护人及维修人员必须具备国家认可的"特种作业操作证（电工）"与"初级（含）以上电工证"（职业资格证书）。

②监护人及维修人员必须经过新能源汽车专业培训，并通过考核。

③监督维修人员操作、工具使用、防护用品穿戴、备件安全保护、维修安全警示牌等是否符合要求。

④检查紧急维修开关的接通和断开。

⑤检查维修过程中的安全维修操作规程，按安全维修操作规程指挥操作，维修人员在完成一个操作后要告知监护人，监护人要在作业流程单上做标记。

⑥监护人应认真负责，确保维修过程的安全，避免发生安全责任事故。

（5）严禁未经培训的人员进行高压电部分检修，禁止一切带有侥幸心理的危险操作，避免发生安全事故。

二 汽车维修工具设备的使用安全

❶ 手工工具的使用安全

手工工具的使用安全主要包括各种刀具、敲击工具、夹具和扳手等的使用安全。在工作中，手工工具应摆放在指定的安全区域，始终处于良好的状态。使用手工工具时，应选择大小和类型都合适的手工工具来做某一项具体的作业，且一定要注意工具的使用方法，以免使用不当造成意外伤害。

❷ 动力工具设备的使用安全

动力工具是指以电力和压缩空气为动力的工具设备称为动力工具设备。这类工具一般操作的危险性大，要求更高。工作时大多处于高速旋转状态，对它们的操作除了要注意操作的安全外，还会涉及防火、防电等安全知识。

❸ 举升车辆的安全

在使用举升机时，应注意以下安全事项。

（1）每天检查举升机的机械、液压、电气装置和部件，特别是举升机的锁定机构。

(2)若举升机工作不正常或发现断裂、损坏部件时,切勿强行操作。

(3)切勿超载,举升机的额定升举力已列在制造厂的铭牌上,切勿超过额定升举能力。

(4)升举之前,要确保车辆准确定位。

(5)车辆内有人时切勿升举汽车。

(6)保持举升机清洁,清除场地四周障碍物。

(7)在举升机上面移动车辆时,要预先留出位置,切勿推翻或碰撞举升臂、连接器或支撑,因为这样有可能损坏车辆或举升机。

(8)按规定对准车辆的升举支撑点,在刚刚支起车辆时,应检查举升是否正常。

(9)在升起车辆的下面工作时,始终要把举升机锁定好。

(10)降下举升机前,应确保把所有工具和其他设备从车辆下面移开,尤其是确保无人站在车辆的下面。

单元小结

(1)汽车维修业是由汽车维护和修理厂点组成的、为在用汽车服务的、相对独立的行业。

(2)汽车维护和汽车修理是两种性质不同的技术措施。汽车维修是汽车维护、修理和维修救援的泛称。

(3)汽车维修企业分为汽车整车维修企业、汽车综合小修及专项维修业户。汽车整车维修企业按规模大小分为一类汽车整车维修企业和二类汽车整车维修企业。

(4)我国现行的汽车维护贯彻"预防为主,强制维护"的原则,汽车修理贯彻"视情修理"的原则。

(5)汽车维护分定期维护和非定期维护。定期维护分日常维护、一级维护和二级维护;非定期维护分为换季维护和走合期维护。换季维护可结合定期维护进行。

(6)汽车维护作业包括清洗、检查、补给、润滑、紧固、调整等内容。日常维护由驾驶人负责执行,一、二级维护由维修企业负责执行。

(7)汽车日常维护的周期为出车前、行车中和收车后。汽车一、二级维护周期的确定,应以汽车行驶里程为基本依据,对于不便用行驶里程统计、考核的汽车,可用行驶时间(天)间隔确定周期。

(8)汽车修理按作业范围可分为汽车大修、总成大修、汽车小修和零件修理4类。

(9)汽车零件的修复方法有机械加工、压力加工、电镀加工、金属喷涂加工、焊接加工、黏结及涂装等。

(10)汽车维修安全主要包括两大内容:汽车维修作业安全和汽车维修工具设备的使用安全。

技能训练

(1)参观汽车维修企业。

(2)灭火器使用。

思考与练习

(一)填空题

1.汽车维修企业分为_____、_____及专项维修业户。

2.汽车整车维修企业按规模大小分为_____汽车整车维修企业和_____汽车整车维修企业。

3.我国现行的汽车维护贯彻"_____,_____"的原则。

4.汽车定期维护分_____维护、_____维护和_____维护。

5.汽车维护作业包括清洗、_____、补给、_____、紧固、_____等内容。

(二)判断题

1.汽车维修是保证汽车正常使用,延长汽车使用寿命,使其发挥最大效益的技术保障。( )

2.一类汽车维修企业维修能力比二类维修企业维修能力强。( )

3.汽车日常维护的周期为出车前、行车中和收车后。( )

4.汽车一、二级维护周期的确定,应以汽车行驶里程为基本依据,对于不便用行驶里程统计、考核的汽车,可用行驶时间(天)间隔确定周期。( )

5.汽车修理技师在修车时,可以戴戒指、手表、手镯和项链。( )

6.使用电气设备时,要保持双手干燥,不可站在地上有水的地方。( )

7.电气设备发生火灾时,可以用水灭火器灭火。( )

8. 汽车维修车间的危险废弃物应进行回收利用,不得随意丢弃或倾倒。
(　　)

9. 使用手工工具时,应选择大小和类型都合适的手工工具来做某一项具体的作业,且一定要注意工具的使用方法,以免使用不当造成意外伤害。　(　　)

10. 车辆内有人时不得升举汽车。　(　　)

(三) 简答题

1. 汽车维护的原则和任务是什么?
2. 汽车修理的原则和任务是什么?
3. 灭火器的使用原则是什么?
4. 汽车维修车间里的主要废弃物有哪些?
5. 简述新能源汽车高压电气系统安全作业防护要求。

参 考 文 献

[1] 易波.汽车零部件识图[M].北京:机械工业出版社,2011.

[2] 李永吉.钳工工艺[M].北京:人民交通出版社,2013.

[3] 周燕.汽车材料[M].3版.北京:人民交通出版社股份有限公司,2021.

[4] 中国汽车维修行业协会.汽车维修常用工量具使用[M].3版.北京:人民交通出版社,2024.

[5] 姜丽娟,张思扬.新能源汽车故障诊断[M].北京:机械工业出版社,2021.

[6] 祖国海.汽车技术基础[M].北京:中国劳动社会保障出版社,2022.